Ignatius von Loyola · Bericht des Pilgers

Ignatius von Loyola

Bericht des Pilgers

Übersetzt und kommentiert
von Peter Knauer SJ

echter

Bibliografische Information der Deutschen Nationalbibliothek

Die Deutsche Nationalbibliothek verzeichnet diese Publikation in der Deutschen Nationalbibliografie; detaillierte bibliografische Daten sind im Internet über http://dnb.d-nb.de abrufbar.

2. Auflage

www.echter-verlag.de

Druckvorlage: Peter Knauer SJ
Umschlag: Hain-Team (www.hain-team.de)
Umschlagbild: J. Marneffe, Vera effigies Sancti Ignatii; seit 1980 im Besitz der südbelgischen Provinz der Gesellschaft Jesu, Brüssel, © SJ-Bild
Druck: Druckerei Friedrich Pustet, Regensburg

ISBN
978-3-429-03807-6 (Print)
978-3-429-04797-9 (PDF)
978-3-429-06213-2 (ePub)

INHALTSVERZEICHNIS

ABKÜRZUNGEN

ZU DEN *MONUMENTA HISTORICA SOCIETATIS JESU*:

EN	MHSI *Epp. Nadal*
FM	MHSI *Fabri Monumenta*
MI Epp.	MHSI *Monumenta Ignatiana, Epistulae et instructiones*
MI Ex.	MHSI *Monumenta Ignatiana, Exercitia spiritualia*
MI FD	MHSI *Monumenta Ignatiana, Fontes documentales*
MI FN	MHSI *Monumenta Ignatiana, Fontes narrativi*
MI Scripta	MHSI *Monumenta Ignatiana, Scripta*
PCh	MHSI *Polanci Chronicon*

ZU HAUPTTEXTEN VON IGNATIUS VON LOYOLA:

BP	Bericht des Pilgers
BU	Briefe und Unterweisungen, Würzburg 1993
GGJ	Gründungstexte der Gesellschaft Jesu, Würzburg 1998
GT	Geistliches Tagebuch (in: GGJ, 343–428)
GÜ	Geistliche Übungen (in: GGJ, 85–269)
Sa	Satzungen der Gesellschaft Jesu (in: GGJ, 580–827)

SONSTIGE:

AHSJ	*Archivum Historicum Societatis Iesu*, Rom 1932ff
DH	HEINRICH DENZINGER, *Enchiridion Symbolorum, Definitionum et Declarationum de rebus fidei et morum* - Kompendium der Glaubensbekenntnisse und kirchlichen Lehrentscheidungen, hrsg. v. PETER HÜNERMANN, Freiburg im Breisgau 1991
PL	*Patrologiae cursus completus, Series latina, accurante* J. P. MIGNE, Paris 1844–1855

ZU DIESER AUSGABE

Grundlage der vorliegenden Übersetzung ist die kritische Ausgabe des spanischen Textes in den *Monumenta Historica Societatis Iesu, Monumenta Ignatiana, Fontes Narrativi de S. Ignatio de Loyola* I, 354–507 (Rom 1943). Sie beruht hauptsächlich auf der Textkopie, die sich im Nachlaß von Jerónimo Nadal fand (N). Randbemerkungen in diesem Text, die inhaltlich wohl noch von Luis Gonçalves da Câmara selbst stammen, werden in unserer Ausgabe durch Einrückung gekennzeichnet.

Die Hauptnumerierung des Textes entspricht der in der lateinischen Ausgabe der Bollandisten eingeführten, die allgemein rezipiert ist; nur die beiden Vorworte von Nadal (bisher 1–4) und von Gonçalves da Câmara (bisher 1–5) werden jetzt als *1–*9 durchgezählt. Die Hauptnumerierung wird zur leichteren Zitierbarkeit durch eine neue Unterteilung mit hochgestellten kleinen Ziffern ergänzt; diese Verseinteilung, die auch für die Satzungen der Gesellschaft Jesu und die Geistlichen Übungen eingeführt wird, wurde von Edouard Gueydan für alle Neuausgaben propagiert.

Anhang I besteht in einer undatierten »Summe der Predigten von Magister Ignatius über die christliche Lehre« (ursprünglich in italienischer Sprache; MI Epp. XII, 666–673). Anhang II ist die neuhochdeutsche Übertragung des Berichts über den Aufenthalt in Jerusalem aus dem Pilgertagebuch des züricher Glokkengießers Peter Füessli, der zur gleichen Pilgergruppe wie Ignatius gehörte (zuletzt in kritischer Ausgabe veröffentlicht von LEZA M. UFFER, Peter Füesslis Jerusalemfahrt 1523 und Brief über den Fall von Rhodos 1523, in: Mitteilungen der Antiquarischen Gesellschaft in Zürich, Band 50, Heft 3, 1982; vgl. auch die Ausgabe von HEINRICH BÖHMER, Studien zur Geschichte der Gesellschaft Jesu, Band I, Bonn 1914, Texte: 1. Peter Füssly, Warhafte Beschrybung der Reysz 1523 gaan Jerusalem getan, 1–55).

Die Übersetzung ist um möglichste Worttreue und Gleichmäßigkeit in der Wiedergabe derselben Ausdrücke bemüht; ein anschaulicher und genauer, aber keineswegs eleganter Urtext soll auch in der Übersetzung nicht elegant erscheinen.

Lateinische Einsprengsel in den spanischen bzw. ab Nr. 79,3 italienischen Text werden in der vorliegenden Übersetzung kursiv wiedergegeben.

Für die Fußnoten wurden folgende Ausgaben dankbar konsultiert: VICTORIANO LARRAÑAGA, *Autobiografía*, in: *Obras Completas de San Ignacio de Loyola*, Bd. I, Madrid 1957; CÁNDIDO DE DALMASES, *Autobiografía de San Ignacio*, in der Handausgabe der *Obras Completas de San Ignacio de Loyola*, Madrid 1963; BURKHART SCHNEIDER, Der Bericht des Pilgers, Freiburg im Breisgau 1977; ANTOINE LAURAS und JEAN-CLAUDE DHÔTEL, *Récit écrit par le Père Louis Gonçalves aussitôt qu'il l'eut recueilli de la bouche même du Père Ignace*, Paris 1988; JOSEP Mª RAMBLA, *El pelegrí*, Barcelona 1983. Besonders hilfreich war auch das große Werk von RICARDO GARCÍA-VILLOSLADA, *San Ignacio de Loyola - Nueva biografía*, Madrid 1986.

Für Ergänzungen zu den Fußnoten danke ich Rogelio García-Mateo, von dem auch die allgemeine Einleitung stammt. Vielen anderen habe ich zu danken, vor allem Andreas Batlogg, Ralf Klein und Günter Switek für die Durchsicht des ganzen Textes sowie Albrecht Greule und Hermann Kurzke für die Überprüfung der modernen Übertragung des Auszugs aus dem Füessli-Bericht.

Der vorliegende Text findet sich ohne die beiden Anhänge auch im zweiten Band der Deutschen Werkausgabe zu Ignatius von Loyola, »Gründungstexte der Gesellschaft Jesu«, Echter Verlag Würzburg 1998, 1-84.

Frankfurt am Main, 4. Dezember 2001

Peter Knauer SJ

Einführung

1. Erste biographische Versuche

Im Jahre 1546, zehn Jahre vor dem Tod von Ignatius von Loyola, kam unter den Mitgliedern des vor kurzem gegründeten Ordens der Gedanke auf, eine Lebensgeschichte des Stifters zu verfassen. Die Anregung dazu ging vor allem vom Sekretär der Gesellschaft Jesu, Juan de Polanco (1517–1576), aus. In einem Brief vom 21. Mai 1547 wandte er sich an einen der ersten Gefährten und späteren Nachfolger im Amt des Generals, Diego Laínez (1512–1565), dem Ignatius besonders vertraute und dem er vieles aus seinem früheren Leben und seinen geistlichen Erfahrungen mitgeteilt hatte. Einen Monat später erhielt Polanco einen ausführlichen Brief von Laínez, der damals als Theologe des Trienter Konzils in Bologna weilte. Dieser Brief bietet eine erste Fassung einer Ignatiusbiographie. Laínez stellte in diesem sogenannten Sumario *Fakten zusammen, die Polanco für eine ausführlichere Biographie verwenden sollte. Daß in diesem* Sumario *das meiste auf Mitteilungen von Ignatius selbst zurückgeht, ist leicht erkennbar, wenn man ihn mit dem autobiographischen Bericht gegenüber Luis Gonçalves da Câmara vergleicht. Zwischen beiden Texten liegen rund acht Jahre. Daß trotz dieses Zeitabstands und der verschiedenen Schreiber eine große Übereinstimmung besteht, spricht für die geschichtliche Genauigkeit beider Texte. Die Urschrift des* Sumario *ist nicht erhalten, es gibt jedoch fünf, allerdings etwas unterschiedliche Abschriften noch aus dem 16. Jahrhundert. Die Herausgeber der* Monumenta Ignatiana *haben sich für die Fassung entschieden, die sich in der Generalskurie in Rom befand (MI FN I, 70–145).*

Polanco hat danach dieses Sumario *weitgehend benutzt, als er im folgenden Jahr (1548) eine eigene Lebensbeschreibung des Ignatius als Ausgangspunkt für eine Chronik der jungen Gesellschaft Jesu verfaßte mit der Überschrift:* Sumario de las cosas más notables que a la institución de la Compañía de Jesús tocan *[Zusammenfassung der bemerkenswertesten Dinge, welche die Einrichtung der Gesellschaft Jesu betreffen]. Er hat Ergänzungen vor allem über die Zeit in Alcalá hinzugefügt, und zwar so sicher und ausführlich, als hätte bereits der autobiographische Bericht des Ignatius vorgelegen. So kommt auch dieser Schrift zwischen der ersten biographischen Skizze von Laínez (1547) und den Mitteilungen von Ignatius an Luis Gonçalves da Câmara (1553–1555) ein hoher Wert als Quelle zu.*

2. Entstehung und Schicksal der Autobiographie

Ignatius' autobiographische Mitteilungen wurden unter der Bezeichnung Acta antiquissima *(Älteste Geschichte) erst 1731 von den Bollandisten in der lateinischen Übersetzung veröffentlicht (*Acta Sanctorum *7, 634–654). Diese Übersetzung war bereits sehr früh von Annibal du Coudray, einem Savoyarden, der Rektor des Kollegs in Messina war, hergestellt worden; denn der internationale Charakter des Ordens erforderte eine offizielle lateinische Fassung. Sie war bereits 1567, elf Jahre nach dem Tod von Ignatius, in Gebrauch. Pedro de Ribadeneira erwähnt sie unter den Quellen für seine* Vita Patris Ignatii. *In der Quellenausgabe der* Monumenta Historica Societatis Jesu *wurde der Text 1904 auch in den Originalsprachen, nämlich der erste Teil auf spanisch und der zweite auf italienisch, herausgegeben.*

Weder die Notizen, die sich Luis Gonçalves da Câmara bereits während der Erzählung von Ignatius machte, noch seine spätere Redaktion sind im Original erhalten. Von letzterer gibt es nur mehrere Kopien, unter denen die Abschrift, die sich im Besitz Jerónimo Nadals befand, den Vorzug erhielt, weil sie die vollständigste ist; ihr fehlt aber das Vorwort von Luis Gonçalves da Câmara. Vergleicht man das Vorwort von da Câmara mit dem später verfaßten von Nadal, so stellt man bei allen Übereinstimmungen doch nicht unwesentliche Abweichungen in bezug auf die Entstehung des Textes fest. Nadal bestätigt, daß die Autobiographie hauptsächlich auf sein Drängen hin zustande kam, ferner daß der Text zum Teil auf spanisch und zum Teil auf italienisch niedergeschrieben wurde. Aber nach da Câmara erfolgte die Niederschrift nicht, wie Nadal sagt, in einem Zug am Ende des Jahres 1554, sondern ein Teil ist im September 1553, ein anderer im Frühjahr und im Herbst 1555 entstanden. Auch hat da Câmara nicht bloß aus dem Gedächtnis, sondern mit Hilfe kurzer Aufzeichnungen gearbeitet.

In bezug auf den Entstehungsgrund heißt es bei Nadal: »Da ich aber wußte, daß die heiligen Väter, die irgendein Mönchsinstitut gegründet haben, ihren Nachfahren wie ein Testament diejenigen Weisungen hinterlassen haben, durch die sie vertrauen konnten, Hilfe zur Vervollkommnung in der Tugend zu erfahren, achtete ich auf die Zeit, wo ich günstig P. Ignatius um das gleiche bitten könnte.« Erst nach langem Zureden und eigenem Gebet entschied sich Ignatius, diese Bitte zu erfüllen. Auch dies wird von da Câmara bestätigt.

Beim weiteren Vergleich stellt man aber einen Unterschied fest zwischen dem Ziel der Bitte Nadals und der Art und Weise, wie sie von Ignatius erfüllt wurde. Was Nadal vorschwebte, war nicht so sehr eine vollständige Lebensbeschreibung, sondern eher eine Exempelbiographie nach dem Vorbild der großen Ordensgründer: »Ihr möchtet darlegen, Vater, wie der Herr euch vom Anfang eurer Bekehrung an belehrt hat. Denn wir vertrauen darauf, daß dies zu wissen höchst nützlich für uns und die Gesellschaft sein wird.« Bei da Câmara dagegen heißt es: »Die Sache war, zu erläutern, was alles in seiner Seele bis jetzt vorgegangen sei. [...] Und so rief der Vater mich im September – ich erinnere mich nicht, am wievielten – und begann, mir sein ganzes Leben und die Abenteuer als junger Mann klar und deutlich mit allen ihren Umständen zu erzählen.« In der lateinischen Fassung heißt es: »Er begann mir sein ganzes Leben zu erzählen, auch seine allzu freie Lebensart in der Jugend, klar und deutlich, mit allen Einzelheiten und Umständen.«

So ist man überrascht, wenn man den Anfang der Erzählung anschaut. Die Jugendzeit wird mit einem einzigen Satz angesprochen: »Bis zum Alter von sechsundzwanzig Jahren war er ein den Eitelkeiten der Welt ergebener Mensch und vergnügte sich hauptsächlich an Waffenübung, mit einem großen und eitlen Verlangen, Ehre zu gewinnen.« Man kann den Eindruck einer nachträglichen Purgierung des Textes gewinnen. In diese Richtung weist die Tatsache, daß der zweite Nachfolger von Ignatius, Francisco de Borja, zu Beginn des Jahres 1567 Jerónimo Nadal, der damals als Visitator am Niederrhein weilte, aufforderte, ihm alle Aufzeichnungen über Ignatius, die in seinen Händen seien, nach Rom zu senden, weil Pedro de Ribadeneira beauftragt sei, eine umfassendere, mehr abgerundete

Biographie zu verfassen (EN III, 365, 402). Nadal war von dieser Anordnung sehr betroffen. Er berichtete dem Ordensgeneral am 14. August 1567 von dem Widerspruch, auf den diese Verfügung in den Niederlanden gestoßen sei, und bat darum, die Durchführung aufzuschieben, bis die Biographie von Ribadeneira erschienen sei. Dies wurde genehmigt. 1572 erschien die Vita Ignatii Loiolae; zugleich wurden alle anderen biographischen Mitteilungen dem öffentlichen Gebrauch entzogen. Nur in Archiven wurden einige Abschriften aufbewahrt. Wenn auch Ribadeneira in seiner Biographie den Text der Autobiographie verwandt hat, bedeutete doch diese Maßnahme nicht nur einen großen Verlust und ist uns heute kaum mehr verständlich, sondern sie bildete auch den Anfang einer Reihe von eher legendenhaften Ignatiusbildern als Antiluther, Soldat der Kirche, Schwert Roms usw.

Abgesehen von der wahrscheinlichen Auslassung am Anfang besteht an der Treue und Richtigkeit der übrigen Darstellung kein Zweifel.

Ignatius ging es nicht um eine Exempelbiographie, ebensowenig um eine lückenlose Darstellung, sondern um die Antwort auf die ihm gestellte Frage, wie Gott ihn geführt habe. Deshalb haben die Mitteilungen bekenntnishaften Charakter, was den evangelischen Historiker Heinrich Böhmer dazu gebracht hat, sie mit dem Titel »Die Bekenntnisse des Ignatius von Loyola« zu veröffentlichen. Seine Ausgabe war die erste Druckfassung in einer modernen Sprache, übersetzt nach der lateinischen Ausgabe der Bollandisten. Er war der erste, der diese Schrift 1902, zwei Jahre vor dem Erscheinen in den Originalsprachen in den Monumenta Historica Societatis Jesu, einem breiten Publikum zugänglich gemacht hat. Zwei weitere deutsche Ausgaben von Ph. Funk (1913) und A. Feder (1922) tragen den Titel »Lebenserinnerungen«. Diese Überschrift ist zu allgemein und läßt die Zielsetzung des Berichts nicht erkennen.

3. Der biographische Zusammenhang

Mit dem Pfingstmontag 1521, an dem Ignatius als dreißigjähriger Gentilhombre im Dienst des Vizekönigs von Navarra bei der Verteidigung von Pamplona schwer verwundet wurde, *beginnt sein Bericht. Um diesen Lebensabschnitt richtig einzuordnen, wollen wir auf Kindheit und Jugend zurückblicken:*

a) Baskenland: Heimat und Kindheit (1491–1505)

Die rätselhafte Herkunft der baskischen Sprache drückt Wesenszüge des baskischen Volkes aus, die in der Tendenz zur Absonderung bis heute in Erscheinung treten. Es ist aber für Basken auch bezeichnend, daß viele aus ihrem Land fortziehen, um anderswo eine Heimat zu finden. So sind es Basken gewesen, die Kastilien, das einmal Niemandsland zwischen Christen und Muslimen war, mitbevölkert haben.

Die enge Beziehung des Baskenlands mit Kastilien zeigt die Geschichte der Familie Loyola selbst. Das Geschlecht ist urkundlich seit 1180 nachweisbar. Um die Mitte des 15. Jahrhunderts brach ein Krieg zwischen den Parientes Mayores *(Hauptfamilien) und den Bürgern aus, der die Provinz Guipúzcoa in zwei sich bekämpfende Lager – Oñaz und Gamboes – schied. Die Bürger von Azpeitia und Azcoitia eroberten die zwischen den beiden Städten liegende Turmburg und rissen sie mit Zustimmung des Königs von Kastilien Enrique IV. (1454–1474) bis auf das zweite Stockwerk nieder. Enrique IV. verhängte eine schwere Strafe über die Loyolas: Das derzeitige Familienoberhaupt, Juan Pérez de Loyola, Ignatius' Großvater, mußte für vier Jahre an die Maurenfront in Andalusien in die Verbannung gehen. Die Bindung und Treue zur Kastilischen Krone blieben trotzdem ein Kennzeichen der Loyolas. Es genügte ihnen nicht, als Großbauern adligen Geschlechts auf ihrem Landgut zu bleiben, sondern sie wollten es dem kastilischen Adel gleichtun und für ihr Geschlecht neue Ehren und Güter erlangen.*

Die Loyolas haben als adlige Familie und als selbstbewußte Basken andererseits ihre Bindung an die Heimat und die Volkstraditionen, an ihre Sprache und die bäuerliche Umgebung nie verloren. Iñigo, das dreizehnte und letzte Kind von Beltrán Yáñez de Loyola und Marina Sáenz de Licona, wird bald nach der Geburt – wohl wegen des baldigen Todes der Mutter – im Jahre 1491 einer Amme im Weiler Eguíbar übergeben, der nicht weit von Loyola liegt. Hier hat Iñigo das Baskische am ursprünglichsten erlebt; gerade im ländlichen Milieu erhalten sich die Vielfalt der baskischen Sprachtraditionen bis heute am meisten. Mutterstelle für Ignatius übernahm Magdalena de Araoz, die Frau seines ältesten Bruders, des Familienerben Martín García. Vor ihrer Heirat war sie Hofdame der Königin Isabel gewesen. So war für Iñigo auch der Beginn einer höfischen Erziehung gegeben.

Normen, Praktiken, Glaubensvorstellungen, Verhaltensmuster, welche die Persönlichkeitsentfaltung Iñigos mitbestimmen, sind von Anfang an durch kulturspezifische Werte aus der ritterlich-höfischen Welt gekennzeichnet.

b) Kastilien: Jugendzeit und Ausbildung (1505–1517)

Nach dem Erbrecht gingen die Familiengüter in den Besitz des Erstgeborenen über; die jüngeren Kinder des baskischen Adels mußten ihre Zukunft selbst und aus eigener Leistung gestalten. Für Iñigo denkt man zunächst wie bei seinem älteren Bruder Pero López an den Klerikerstand. Er hat wahrscheinlich in Kinderjahren die Tonsur erhalten. Aber dann wurde doch die andere Möglichkeit gewählt, ihn in eine dem Kastilischen Hof verbundene Familie zu schicken, wo er für eine höfisch-ritterliche Laufbahn ausgebildet würde. So siedelt der etwa 14jährige Iñigo 1505 in das Haus des mit den Loyolas weitläufig verwandten Juan Velázquez de Cuellar in Arévalo in Altkastilien über. Velázquez de Cuellar war der Großschatzmeister des Königreichs Kastilien. Er war zugleich Gouverneur der königlichen Residenz und Burg zu Arévalo, Mitglied des Kronrats und nicht zuletzt Vertrauter der Katholischen Könige. Juans Frau, Doña María de Velasco, unterhielt als Hofdame enge Kontakte zur Königin, insbesondere zu Germaine de Foix, der aus Frankreich stammenden zweiten Frau von König Fernando. Die meisten ihrer Söhne lebten als Pagen am Königshof. Da seine Ämter Juan Velázquez de Cuellar an den königlichen Hof banden und dieser häufig den Ort wechselte, waren auch der Großschatzmeister und seine Familie oft quer durch Kastilien unterwegs: Gelegenheit für Iñigo, auch Valladolid, Avila, Segovia und Salamanca kennenzulernen.

Wenn Iñigo in dieser Familie aufgewachsen und wohl auch gemeinsam mit den Söhnen des Großschatzmeisters unterrichtet wurde, dann kann er nicht nur ein Mann »sehr bescheidener Vorbildung« gewesen sein. Er hat keine akademische, wohl aber eine höfisch-ritterliche Ausbildung erhalten. Für gewöhnlich begann diese mit dem Dienst als Page. So verrichtete auch Iñigo die Arbeiten eines gewöhnlichen Dieners. Er diente bei der Tafel und begleitete seine Herrschaft auf Reisen und Jagden. Er lernte die höfischen Umgangsformen und ihren Ehrenkodex und bereitete sich durch Waffenübungen auf spätere Turniere vor. Auch der höfischen Minne kam erzieherische Bedeutung zu.

Nicht zuletzt hat Iñigo die Verwaltungsaufgaben des Schatzmeisters kennengelernt, vor allem die Escribanía mayor, *die Großkanzlei, der die Erledigung des Schriftverkehrs im Rechts- und Verwaltungswesen der Krone oblag. Sich an diese Zeit erinnernd bezeichnet sich Ignatius selbst als einen »sehr guten Schreiber«; daß er nach seiner Genesung seine ersten geistlichen Erfahrungen aufschreibt, ist vielleicht bezeichnend für einen Menschen, der schriftlichen Umgang gewohnt ist. Noch als Ordensgeneral werden ihm seine Erfahrungen zugute kommen.*

Neben der Familie Velázquez de Cuellar ist Doña María de Guevara, eine entfernte Tante Iñigos und Mutter der Gattin des Großschatzmeisters, für ihn eine wichtige Bezugsperson. Sie war belesen und fromm; als Witwe gründete sie eine Frauengemeinschaft, die sich unter der franziskanischen Regel besonders der Krankenpflege im Spital von Arévalo widmete. Ignatius' Vorliebe für den Dienst an den Kranken geht vielleicht bereits auf diese Zeit zurück, in der er seiner Tante Hilfe leistete. Und wahrscheinlich hat er auch dort bereits franziskanische Frömmigkeit kennengelernt. Diese war in Arévalo fest verwurzelt. Im Jahre 1214 hatte Franz von Assisi selbst dort, unterwegs nach Santiago de Compostela, eine Klostergemeinschaft gegründet, deren Kirche viel besucht wurde. Die franziskanische Frömmigkeit zusammen mit der dominikanischen war in der Zeit Iñigos bei König, Adel und Volk hochgeschätzt.

Dem Ideal nach war ein Ritter ein Edelmann, der bereit ist, für seinen Lehensherrn und vor allem für seine Dame sein Leben zu geben und Witwen und Waisen vor Unrecht zu schützen. Die Wirklichkeit sah anders aus. Im Alltag setzte sich der Ritter häufig über das Ethos seines Standes hinweg. Auch die Lebensführung Iñigos bildet hier keine Ausnahme. Wie die meisten seiner Standesgenossen schlug er über die Stränge und bekam Ärger mit den Behörden. Von einem Heimatbesuch während der Fastnacht 1515 sind Gerichtsakten wegen »enormer Vergehen« erhalten (vgl. MI FD, 232–246).

Karl von Habsburg, Sohn des Herzogs von Burgund Philipp und der Königin Juana von Kastilien, wurde wegen der Regierungsunfähigkeit seiner Mutter Nachfolger seines Großvaters Fernando auf dem Thron von Kastilien und aller spanischen Königreiche samt ihrer Kolonien in der Neuen Welt. Bereits vor seiner Ankunft in Spanien wies er 1516 der Königin Germaine, der zweiten Frau seines Großvaters, zu ihrer Versorgung die Herrschaft von Arévalo und Madrigal an. Juan Velázquez de Cuellar als deren Gouverneur sah darin eine Verletzung der Zusage, daß jene Gebiete nie dem unmittelbaren Besitz der Krone entfremdet werden sollten. Es kam zu einer Belagerung. Velázquez de Cuellar mußte 1517 kapitulieren und der Königinwitwe, die sich in eine Feindin seiner Familie verwandelt hatte, das alte Königsschloß von Arévalo übergeben. Kurz danach starb er in Madrid.

Der gesellschaftliche Sturz des Großschatzmeisters markiert auch das Ende der höfischen Karriere Iñigos in Kastilien. Als er mit sechsundzwanzig Jahren Kastilien verläßt, ist er von dieser Erfahrung für sein Leben geprägt. Er hat am eigenen Leib Höhe und Tiefe, Glanz und Elend der höfisch-ritterlichen Gesellschaft erfahren. So beginnt sein autobiographisches Zeugnis mit den Worten: »Bis zum Alter von sechsundzwanzig Jahren war er ein den Eitelkeiten der Welt ergebener Mensch und vergnügte sich hauptsächlich an Waffenübung, mit einem großen und eitlen Verlangen, Ehre zu gewinnen.« Daß trotz alldem die Zeit bei der Familie Velázquez de Cuellar in guter Erinnerung blieb, zeigt der Brief vom Anfang 1548 an den Lizentiaten Mercado: »Der Erinnerungsgruß von Herrn Juan Velázquez [Sohn des Schatzmeisters] war für mich ein großer Trost im Herrn, und so bitte ich Euer Gnaden, mir ihn zu grüßen und ihm meine demütige Empfehlung weiterzugeben, da ich Untergebener war und so sehr bin für ihn und für die Herren Vater und Großvater von ihm und für sein ganzes Haus. Darüber freue ich mich heute und werde mich immer freuen in unserem Herrn.« (MI Epp. I, 705).

c) Navarra und Rioja: Erste Aufträge (1517–1521)

Das klein gewordene Königreich Navarra, das seit 1234 von französischen Dynastien regiert wurde, kam 1512 an Kastilien. Es blieb aber Streitgegenstand zweier starker Nachbarn. Die Zentralgewalt der kastilischen Krone wurde durch einen Vizekönig vertreten. Dieses Amt hatte 1517 der Herzog von Nájera (Rioja) inne, Don Antonio Manrique de Lara, in dessen Dienst Iñigo als Gentilhombre *eintritt. Er wird besonders mit Verwaltungsgeschäften beauftragt. Im Februar 1518 begleitet Iñigo den Vizekönig nach Valladolid zu den offiziellen Feierlichkeiten zum Empfang Karls V. als König der Kronländer in Kastilien. Auch sein Bruder Martín García kam nach Valladolid mit der Absicht, das Privileg des Majorats (Gesamterbrecht des ältesten Sohnes) auf Loyola einzuführen. Ein alter Feind Iñigos, Francisco de Oya, trachtet ihm in Valladolid nach dem Leben.*

Auch im Herrschaftsgebiet des Vizekönigs bricht der Volksaufstand der Comuneros *aus, welche die alten Rechte Kastiliens gegen König und Hochadel verteidigen. Don Antonio schickt Unterhändler, unter ihnen Iñigo. Ein anderes Mal wird er zur Schlichtung eines Streites zwischen den Adelsparteien seiner Heimat mitgesandt.*

Bald wird Iñigo an einem Unternehmen teilnehmen, von dem die Zukunft seines Lebens abhängen wird. Der frühere König von Navarra, Henri d'Albret, hatte, seit die Kastilier ihn vor fünf Jahren vertrieben hatten, in Frankreich Zuflucht gefunden. Jetzt sieht er eine günstige Chance mit Frankreichs Hilfe. Karl V. ist abwesend, und der Comuneros-*Aufstand hält an. Pamplona ist kaum verteidigt und kann auch nicht mit schneller Verstärkung rechnen. Zu den Verteidigern, die sich in die Zitadelle zurückziehen, gehört Ignatius von Loyola. Er ist die treibende Kraft des Widerstandes. Damit beginnt die autobiographische Aufzeichnung.*

ZEITTAFEL

Allgemeine Zeitgeschichte und Ignatius

Jahr	Allgemeine Zeitgeschichte	Jahr	Ignatius
1491	Fernando und Isabel Könige in Aragón und Kastilien.	**1491**	Iñigo in Loyola geboren.
1492	▫ Der aus Valencia stammende Rodrigo Borja wird zum Papst gewählt: Alexander VI. ▫ Eroberung von Granada und Beendigung der islamischen Herrschaft auf der iberischen Halbinsel. ▫ Juden, die nicht das Christentum annehmen, werden aus Spanien vertrieben. ▫ Kolumbus entdeckt Amerika.		
1504	Königin Isabel von Kastilien stirbt.		
		1506	Iñigo kommt als Page nach Arévalo an den Hof von Juan Velázquez de Cuellar.
1512	Beginn des V. Laterankonzils.		
1515	▫ Teresa von Avila geboren. ▫ François I. König von Frankreich.	**1515**	Iñigo in Azpeitia angeklagt wegen eines Deliktes in der Karnevalszeit.
1516	König Fernando von Aragón stirbt. Karl von Habsburg wird		

	zum König aller spanischen Reiche und Kolonien ernannt.		
		1517	Nach dem Tod von Juan Velázquez de Cuellar tritt Iñigo in den Dienst des Vizekönigs von Navarra, Antonio Manrique de Lara.
1519	□ Karl wird zum deutschen Kaiser gewählt. □ *Comuneros*-Aufstand in Kastilien.		
1520	Exkommunikationsbulle gegen Martin Luther: *Exsurge Domine*.		
1521	□ Papst Hadrian VI. □ João III. König von Portugal. □ Reichstag zu Worms.	**1521**	Iñigo wird bei der Belagerung von Pamplona verwundet. Krankenlager in Loyola.
		1522	24. März Nachtwache in Montserrat; danach bis Februar 1523 Aufenthalt in Manresa.
		1523	Rom- und Jerusalemfahrt.
1524	□ Bauernkrieg. □ Schlacht bei Pavia. Sieg Karls V. über François I.	**1524f**	Lateinstudium in Barcelona
1526	Kontroverse Erasmus von Rotterdam / Martin Luther.	**1526**	Studium in Alcalá. Erster Inquisitionsprozeß.

1527	Eroberung Roms durch die Truppen Karls V. (*sacco di Roma*).	**1527**	Zweiter und dritter Prozeß; Übergang zum Studium nach Salamanca. Vierter Prozeß.
1528	▫ Tod Albrecht Dürers, Matthias Grünewalds und Nicolò Machiavellis. ▫ Belagerung Wiens durch die Türken.	**1528**	Übergang zum Studium nach Paris.
		1529	Erste Reise nach Flandern. Beginn des Philosophiestudiums.
1530	Reichstag zu Augsburg. *Confessio Augustana*.	**1530**	Zweite Reise nach Flandern.
1531	▫ Henry VIII. von England bricht mit Rom. ▫ Pizarro erobert Perú. ▫ Wahl Ferdinands zum Römischen König.	**1531**	Dritte Reise nach Flandern und London.
		1532	Bakkalaureus in Philosophie.
		1533	Lizentiatsexamen in Philosophie.
		1534	Magister in Philosophie. Gelübde der Gefährten auf dem Montmartre.
		1535	Verteidigung vor dem Inquisitor. Ignatius reist in seine Heimat.
1536	▫ Papst Paul III. ▫ Tod von Erasmus von Rotterdam.	**1536**	Ignatius in Venedig.
1537	Erlaß von François I. zur Bekämpfung der Protestanten.	**1537**	Weg der Gefährten nach Rom; Priesterweihe in Venedig.

			Aufenthalt in Vicenza. Prozeß in Venedig. Vision von La Storta.
		1538	Verfolgung und Prozeß in Rom; die Gruppe stellt sich dem Papst zur Verfügung. Ignatius feiert seine erste heilige Messe.
1539	Jean Calvin veröffentlicht die *Institutio religionis christianae*.	**1539**	Paul III. approbiert die *Formula Instituti*.
		1540	Francisco de Javier geht nach Indien. Bestätigung der Gesellschaft Jesu durch die Bulle Regimini militantis Ecclesiae.
		1541	Ignatius wird zum General gewählt. Beginn der Ausarbeitung der »Satzungen der Gesellschaft Jesu«.
		1544	»Geistliches Tagebuch«.
1545	Eröffnung des Konzils von Trient.		
1546	Am 18. Februar stirbt Luther.	**1546**	Peter Faber stirbt am 1. August.
1547	Schlacht bei Mühlberg: Niederlage der protestantischen Fürsten.	**1547**	Juan de Polanco wird Sekretär von Ignatius.

1548	Gründung des Oratoriums durch Filippo Neri.		
		1551	Beginn des Römischen Kollegs. Zusammenkunft zur Beratung über die Satzungen.
1552	Unterbrechung des Konzils von Trient.	**1552**	Gründung des Germanischen Kollegs.
1553	Miguel Servet wird in Genf verbrannt.	**1553**	Ignatius beginnt seinen »Bericht des Pilgers« zu erzählen.
1554	Mary Tudor heiratet Felipe, den spanischen Prinzen und Thronerben der spanischen Reiche.		
1555	□ Giovanni Pietro Carafa als Papst Paul IV. □ Religionsfriede von Augsburg.	**1555**	Fortsetzung des »Berichts des Pilgers«.
1556	Abdankung Karls V. Felipe König der spanischen Reiche und Ferdinand deutscher Kaiser.	**1556**	Ignatius stirbt am 31. Juli.
		1595	Seligsprechungsprozeß beginnt.
		1609	Seligsprechung durch Paul V.
		1622	Heiligsprechung durch Gregor XV.

Vorwort von Jerónimo Nadal

*1 Von unserem Vater Ignatius hatten ich (1) und andere Patres gehört, er habe von Gott erbeten, drei Wohltaten zu erlangen, bevor er aus diesem Leben scheide: erstens, daß das Institut der Gesellschaft vom Apostolischen Stuhl bestätigt werde; zweitens, gleicherweise die Geistlichen Übungen; drittens, daß er die Satzungen schreiben könne (2).

*2 Als ich mich daran erinnerte und sah, daß er das alles erreicht hatte, fürchtete ich, er werde zum besseren Leben von uns gerufen. [2] Da ich aber wußte, daß die heiligen Väter, die irgendein Mönchsinstitut gegründet haben, ihren Nachfahren wie ein Testament diejenigen Weisungen zu hinterlassen pflegten, durch die diese das Vertrauen hätten, Hilfe zur

---

(1) Jerónimo Nadal (1507–1580) aus Mallorca hatte Ignatius bereits während seiner Pariser Studien kennengelernt. Er trat nach Abschluß seiner Studien und mehreren Jahren Seelsorgstätigkeit als Priester in die Gesellschaft Jesu ein. Ignatius hatte zu ihm besonderes Vertrauen. Er beauftragte ihn mit der Einführung der Satzungen der Gesellschaft Jesu in der spanischen und in der portugiesischen Ordensprovinz. Nadals undatiertes lateinisches Vorwort zur lateinischen Übersetzung des Berichts des Pilgers durch Annibal du Coudray stammt erst aus der Zeit zwischen 1561 und 1567, ist also später als das danach folgende Vorwort von Gonçalves da Câmara, der den Bericht aufgeschrieben hat (vgl. n. *7,1).

(2) Die Gesellschaft Jesu wurde am 27. September 1540 durch Papst Paul III. bestätigt; das Buch der »Geistlichen Übungen« erhielt eine päpstliche Billigung am 31. Juli 1548. Der erste Text der »Satzungen der Gesellschaft Jesu« entstand zwischen 1547 und 1550.

Vervollkommnung in der Tugend erfahren zu können, [3] achtete ich auf die Zeit, wo ich günstig P. Ignatius um das gleiche bitten könnte. [4] Es geschah im Jahr 1551 (3), als wir zusammen waren, daß P. Ignatius sagte: »Jetzt war ich höher als der Himmel«; er hatte – meine ich – eine Ekstase oder Entrückung erfahren, wie er sie häufig zu erfahren pflegte. [5] Voll Verehrung suche ich herauszubekommen: »Was wollt ihr sagen, Vater?« Er zieht das Gespräch davon weg. [6] Ich denke also, dies sei die rechte Zeit, und bitte und beschwöre den Vater, uns die Weise darlegen zu wollen, wie Gott ihn vom Anfang seiner Bekehrung an geleitet hat, damit jener Bericht uns als Testament und väterliche Belehrung dienen könne. [7] »Denn«, sagte ich ihm, »da euch Gott jene drei Dinge gewährt hat, die ihr vor eurem Hingang zu sehen wünschtet, fürchten wir, ihr werdet zum Himmel weggerufen.«

*3 Der Vater entschuldigte sich mit seinen Beanspruchungen; er sagte, er könne solchem nicht die Aufmerksamkeit oder Zeit widmen. [2] Und dennoch sagte er: »Feiert drei Messen in dieser Sache, ihr, Polanco (4) und Ponce (5), und nach dem Gebet berichtet mir, was ihr meint.« »Vater,« sagte ich, »wir werden dasselbe meinen, was wir jetzt meinen.« [3] Und er fügte sehr sanft hinzu: »Tut, was ich sage.« Wir

---

(3) Wahrscheinlich eher im Jahr 1552, da sich Nadal während des ganzen Jahres 1551 in Sizilien aufgehalten hat und erst im Januar 1552 nach Rom zurückkehrte.

(4) Juan de Polanco aus Burgos trat 1541 in die Gesellschaft Jesu ein. Anfang 1547 wurde er zum Sekretär der Gesellschaft ernannt; er füllte dieses Amt während der Generalate von Ignatius, Diego Laínez und Francisco de Borja aus. Er starb in Rom 1576.

(5) Ponce Cogordan war Ökonom des Hauses.

feierten die Messen. Wir berichteten ihm dasselbe. Er versprach, er werde es tun.

[4] Als ich im folgenden Jahr (6) aus Sizilien zurückkehrte und nach Spanien gesandt werden sollte, fragte ich den Vater, ob er etwas getan habe. »Nichts«, sagte er. [5] Aus Spanien im Jahre 1554 zurückkehrend, frage ich ihn wieder; er hatte es nicht tun können. [6] Aber da – ich weiß nicht, von welchem Antrieb bewegt, aber gewiß beharrlich – sagte ich dem Vater: »Es sind schon fast vier Jahre, daß ich euch nicht nur in meinem Namen, sondern in dem der anderen Patres beschwöre, ihr möchtet darlegen, Vater, wie der Herr euch vom Anfang eurer Bekehrung an belehrt hat. [7] Denn wir vertrauen darauf, daß dies zu wissen höchst nützlich für uns und die Gesellschaft sein wird. [8] Aber da ich sehe, daß ihr es nicht leistet, wage ich, euch eines zu bestätigen: [9] Wenn ihr es tut, was wir so sehr ersehnen, werden wir aus dieser Wohltat großen Nutzen ziehen; wenn ihr es nicht tut, werden wir nicht deshalb schwächeren Mut haben, sondern einen ebenso auf den Herrn vertrauenden, als hättet ihr alles geschrieben.«

*4 Der Vater antwortete nichts; aber er rief – wie ich meine, am selben Tag – P. Luis Gonçalves (7) und

---

(6) 1553; Nadal war nach seiner Profeß am 25. März 1552 wieder nach Sizilien geschickt worden. Im Januar 1553 wurde er erneut nach Rom gerufen und reiste von dort im April nach Spanien und Portugal, um die Satzungen einzuführen und die Provinzen zu visitieren. Nach dem folgenden Vorwort von Luis Gonçalves da Câmara (vgl. nn. *6,5 – *7,5) hatte Ignatius jedoch bereits im Jahr 1553 mit seinem Bericht begonnen.

(7) Luis Gonçalves da Câmara (ca. 1519–1575), der von 1553 bis 1555 im Haus von Ignatius lebte und vom September

begann, ihm zu erzählen, was dieser danach mit dem hervorragenden Gedächtnis, das er hat, aufschrieb. Dies ist die »Geschichte des P. Ignatius« (8), die in Umlauf ist. [2] P. Luis war Wahlmann in der ersten Generalkongregation, und in dieser wurde er zum Assistenten des Generaloberen P. Laínez gewählt. Später war er Lehrer in Wissenschaft und christlichen Sitten für Sebastião, den König von Portugal; ein Pater von herausragender Frömmigkeit und Tugend. P. Gonçalves schrieb teils spanisch und teils italienisch (9), wie ihm Schreiber zur Verfügung standen. [3] Auf Latein übersetzte P. Hannibal Coudret, ein sehr gelehrter und frommer Pater. Beide leben noch, sowohl der Verfasser als auch der Übersetzer.

1554 an Minister war; danach wurde er Kollateral für den Provinzial von Portugal. Von ihm stammt das tagebuchartige »Memoriale - Erinnerungen an unseren Vater Ignatius«, das die Zeit vom 26. Januar bis zum Oktober 1554 umfaßt und zu dem er 1574 noch ausführliche Anmerkungen hinzufügte (MI FN I, 527–752).

(8) Für die Übersetzungen in verschiedene Sprachen wurden von den jeweiligen Herausgebern u. a. die folgenden Titel gewählt: »Das Testament«, »Die Bekenntnisse«, »Autobiographie«, »Lebenserinnerungen« von Ignatius von Loyola; »Die Geschicke des Wanderers«, »Der Bericht des Pilgers«, »Die eigene Geschichte des heiligen Ignatius, wie er sie Luis Gonçalves da Câmara erzählte«, »Der Pilger«, »Bericht, den P. Luis Gonçalves sogleich, als er ihn aus dem Munde von P. Ignatius vernommen hatte, aufgeschrieben hat.«

(9) Der Text ist italienisch von n. 79,3 an.

Vorwort von Luis Gonçalves da Câmara

*5 Im Jahre 1553, an einem Freitagmorgen, 4. August, dem Vortag Unserer Herrin vom Schnee, als der Vater im Garten nahe dem sogenannten Herzogshaus oder -zimmer (10) war, begann ich, ihm Rechenschaft zu geben über einige Einzelheiten meiner Seele, und unter anderen Dingen sprach ich ihm von eitler Ruhmsucht. [2] Der Vater gab mir als Heilmittel, ich solle oft alle meine Dinge auf Gott beziehen und mich mühen, ihm alles Gute, das ich in mir fände, darzubringen, indem ich es als das Seine anerkenne und ihm dafür danksage. [3] Und darin sprach er auf solche Weise mit mir, daß es mich sehr tröstete, so daß ich die Tränen nicht zurückhalten konnte. [4] Und so erzählte mir der Vater, wie er zwei Jahre von diesem Laster angefochten worden sei, so sehr, daß er, als er sich von Barcelona nach Jerusalem einschiffte, niemandem zu sagen wagte, daß er nach Jerusalem fuhr (11), und so bei anderen ähnlichen Einzelheiten. [5] Und er fügte darüber hinaus hinzu, wie großen Frieden er diesbezüglich später in seiner Seele verspürt habe.

[6] Eine oder zwei Stunden darauf gingen wir zum Essen; und während Magister Polanco und ich mit ihm aßen, sagte unser Vater, Magister Nadal und andere von der Gesellschaft hätten ihn oft um eine Sache gebeten, aber er habe sich nie dazu entschlossen; [7] und

(10) Benannt nach Francisco de Borja, dem Herzog von Gandía, der am 1. Februar 1543 die feierliche Profeß in der Gesellschaft Jesu abgelegt hatte. Er hatte 1550–1551 anläßlich des Heiligen Jahres in diesem Zimmer gewohnt; seine Ordensmitgliedschaft wurde noch geheimgehalten.

(11) Vgl. n. 36,5–8.

nachdem er mit mir gesprochen habe und sich in sein Zimmer zurückgezogen habe, habe er so große Andacht und Neigung gehabt, es zu tun. [8] Und er habe sich - dabei sprach er in einer Weise, die zeigte, daß ihm Gott große Klarheit gegeben habe, daß er es tun solle - gänzlich entschlossen. [9] Und die Sache war, zu erläutern, was alles in seiner Seele bis jetzt vorgegangen sei. Und er habe auch beschlossen, daß ich der sein solle, dem er diese Dinge offenbaren werde.

*6 Dem Vater ging es damals sehr schlecht, und er war nie gewohnt, sich auch nur einen Tag Leben zu versprechen. Vielmehr wenn jemand sagt: »Ich werde dies heute in zwei Wochen oder heute in einer Woche tun«, dann sagt der Vater immer wie entsetzt: »Wie! Ihr denkt, solange zu leben?« [2] Und dennoch sagte er diesmal, er hoffe, drei oder vier Monate zu leben, um diese Sache zu beenden.

[3] Am Tag darauf hatte ich mit ihm gesprochen und ihn gefragt, wann er wolle, daß wir anfingen. Und er antwortete mir, ich solle ihn jeden Tag daran erinnern - ich erinnere mich nicht, wie viele Tage -, bis er die Möglichkeit dazu habe. [4] Und weil er sie gegenwärtig wegen Beanspruchungen nicht hatte, wollte er danach, daß ich ihn jeden Sonntag daran erinnerte.

[5] Und so rief der Vater mich im September (12) - ich erinnere mich nicht, am wievielten - und begann, mir sein ganzes Leben und die Abenteuer als junger Mann (13) klar und deutlich mit

(12) In n. 10,4 ist vom August die Rede.

(13) Die Formulierung könnte den Eindruck erwecken, als sei der überlieferte Text nicht mehr vollständig. Im wohl später geschriebenen Vorwort von Nadal (n. *4,1) heißt es nur noch, man habe Ignatius gebeten, sein Leben vom Anfang seiner Bekehrung an zu erzählen (n. *3,6).

allen ihren Umständen zu erzählen; [6] und danach rief er mich im gleichen Monat drei- oder viermal und kam mit der Geschichte bis dahin, daß er einige Tage in Manresa war, wie an der verschiedenen Schrift (14) zu sehen ist.

*7 Die Weise zu erzählen, die der Vater hat, ist die, welche er in allen Dingen gewohnt ist: nämlich mit solcher Klarheit, daß es scheint, er mache einem alles gegenwärtig, was geschehen ist; [2] und dabei war es nicht notwendig, ihn etwas zu fragen, weil sich der Vater alles zu sagen erinnerte, was wichtig ist, um es einen erfassen zu lassen (15).

---

(14) Das ursprüngliche Manuskript ist nicht mehr erhalten, so daß am Schriftbild nicht auszumachen ist, wo die Unterbrechung lag. Die Angabe in n. 30,4, daß Ignatius zur Zeit seines Berichts »über zweiundsechzig Jahre« alt war, würde nur dann mit seinem tatsächlichen Geburtsjahr 1491 zusammenstimmen, wenn sie sich auf das Jahr 1553 bezoge. In diesem Fall wäre die Unterbrechung am ehesten erst vor n. 32 anzusetzen; diese Stelle bietet auch inhaltlich die deutlichste Zäsur. Allerdings war Iñigo dann schon etwas länger als nur »einige Tage« in Manresa.

(15) In seinem Memoriale schreibt Luis Gonçalves da Câmara: »Ich muß mich an die Weise erinnern, wie unser Vater von den Sachen handelte: 1. daß er nie mit Gefühlen, sondern mit Sachen überzeugt; 2. daß er die Sachen nicht mit Worten schmückt, sondern mit den Sachen selbst, indem er soviele Umstände und so wirksame erzählt, daß sie fast zwingend überzeugen; 3. daß seine Erzählung einfach, klar und deutlich ist. Und er hat ein solches Gedächtnis der Sachen, und sogar der Worte von Wichtigkeit, daß er eine Sache, die geschehen ist, zehn-, fünfzehnmal und häufiger genau so erzählt, wie sie geschehen ist, und sie einem vor die Augen stellt; und einen langen Bericht über Dinge von Wichtigkeit erzählt er Wort für Wort.« (n. 99) »Die Weise des Vaters zu sprechen ist ganz

[3] Ich begab mich unmittelbar daran, es aufzuschreiben, ohne dem Vater etwas zu sagen, zuerst in Stichpunkten mit eigener Hand, und dann ausführlicher, wie es dasteht. [4] Ich habe mich bemüht, gar kein Wort zu gebrauchen als die, welche ich vom Vater gehört habe. Und in bezug auf Dinge, die ich fürchte, falsch gemacht zu haben: Um nicht von den Worten des Vaters abzuweichen, habe ich die Kraft einiger von ihnen nicht gut erläutern können.

[5] Und so habe ich dies, wie oben gesagt, bis im September 1553 geschrieben. Und von da an, bis P. Nadal am 18. Oktober 1554 kam, entschuldigte sich der Vater stets mit einigen Krankheiten und mit verschiedenen Angelegenheiten, die sich ergaben, und sagte mir: »Sobald diese Angelegenheit beendet ist, erinnert mich.« [6] Und war sie beendet, so erinnerte ich ihn daran, und er sagte: »Jetzt stehen wir bei dieser anderen; sobald sie beendet ist, erinnert mich.«

*8 Aber als P. Nadal kam, freute er sich sehr über das, was begonnen war; er gebot mir, dem Vater zuzusetzen; er sagte mir viele Male, daß der Vater in nichts der Gesellschaft mehr wohltun könne, als indem er dies tue, [2] und daß dies in Wahrheit die Gesellschaft

---

über Dinge, mit sehr wenigen Worten und ohne jede Reflexion über die Dinge, sondern in einfacher Erzählung. Und auf diese Weise überläßt er denen, die zuhören, die Reflexion und daß sie die Folgerungen aus den Prämissen ziehen. Und auf diese Weise überzeugt er wunderbar, ohne irgendeine Neigung zur einen oder zur anderen Seite zu zeigen, sondern indem er einfach erzählt. Was er an Kunstfertigkeit anwendet, ist: Die wesentlichen Punkte, die überzeugen können, berührt er alle, und andere, die nichts beitragen, läßt er weg, wie es notwendig erscheint.« (n. 227)

zu gründen hieße[16]. Und so sprach er selbst viele Male mit dem Vater, und der Vater sagte mir, ich solle ihn daran erinnern, sobald die Angelegenheit mit der Dotierung des Kollegs[17] beendet sei; [3] und als sie beendet war, sobald die mit dem Priesterkönig[18] beendet und die Post abgegangen sei.

[4] Am 9. März begannen wir, mit der Geschichte weiterzumachen. Dann begann Papst Julius III. in Gefahr zu sein, und er starb am 23.; und der Vater schob die Sache auf, bis es einen Papst gebe; aber als

---

(16) Damit ist die Bedeutung des ignatianischen Berichts für die Gesellschaft Jesu wohl am prägnantesten formuliert. Nadal sah in seinen Vorträgen für das römische Kolleg in Ignatius nicht nur den Gründer, sondern vor allem das Vorbild für den Orden (vgl. MI FN II,3–10). Er empfahl deshalb den Mitgliedern des Ordens, »zu lesen, zu meditieren und zu schmecken, was Pater Magister Ignatius geschrieben hat, mit aller Erwägung, Andacht und Demut. Dies muß neuen Geist und die der Gesellschaft eigene Andacht in sanfter, starker, leichter, freier, innerer, andächtiger und friedvoller Weise verspüren lassen« (EN IV, 680).

(17) Julius III. wollte dem römischen Kolleg feste Einkünfte zuwenden, was aber durch seinen Tod am 23. März 1555 verhindert wurde. Aus dem römischen Kolleg ist die heutige Università Gregoriana hervorgegangen.

(18) Der legendäre »Priesterkönig Johannes« wurde von den Portugiesen mit dem Negus Claudius, dem Kaiser von Äthiopien, identifiziert. Auf seinen Anschluß an die römische Kirche setzte Ignatius große Hoffnungen (vgl. sein Schreiben an den Negus vom 23. Februar 1555, Brief 5205). Auf Wunsch des portugiesischen Königs João III. sandte Ignatius mehrere Missionare, unter ihnen João Nunes als Patriarch und als Bischöfe Andrés de Oviedo und Melchior Carneiro (vgl. Sa 818 [X]); das gesamte Unternehmen blieb jedoch erfolglos.

es ihn gab, wurde auch er krank und starb (es war Marcellus (19)). [5] Der Vater schob hinaus bis zur Wahl von Papst Paul IV. (20); und danach hat er sich wegen der großen Hitze und den vielen Beanspruchungen immer aufgehalten bis zum 21. September, als mit den Überlegungen begonnen wurde, mich nach Spanien zu schicken. Deshalb bedrängte ich den Vater sehr, daß er erfülle, was er mir versprochen hatte. [6] Und so bestimmte er es für den 22. morgens, am Rossi-Turm (21). Und so stellte ich mich ihm nach Beendigung der Messe vor, um ihn zu fragen (22), ob es Zeit sei.

*9 Er antwortete mir, ich solle gehen und ihn im Rossi-Turm erwarten, damit ich, wenn er käme, dort sei. [2] Ich verstand, daß ich ihn lange dort werde erwarten müssen. Und während ich mich in einem Toreingang noch aufhielt und mit einem Bruder sprach, der mich etwas gefragt hatte, kam der Vater und tadelte mich, weil ich gegen den Gehorsam gefehlt und ihn nicht dort erwartet hätte. Und er wollte an jenem ganzen Tag nichts tun. [3] Danach haben wir ihn sehr gedrängt. Und so kehrte er zum Rossi-Turm zurück und diktierte auf- und abgehend, wie er immer diktiert hatte. [4] Ich

---

(19) Marcellus II. (Marcello Cervini) wurde am 9. April 1555 gewählt und starb bereits am 30. desselben Monats.

(20) Paul IV. (Giovanni Pietro Carafa) wurde am 23. Mai 1555 zum Papst gewählt. Vgl. BP, Fußn. 263 und 265.

(21) Der an das Haus der Gesellschaft angrenzende »Rossi-Turm«, so benannt nach dem früheren Besitzer (vgl. MI FN III, 179), war am 5. Dezember 1553 dazugekauft worden.

(22) Die erhaltenen spanischen Manuskripte des Vorworts enden hier; der noch folgende Text liegt nur in lateinischer Übersetzung der Bollandisten vor.

selbst näherte mich ihm immer etwas, um sein Gesicht anzusehen, und der Vater sagte mir: »Beobachtet die Regel!« (23) Und als ich einmal darauf nicht achtete und mich ihm näherte und zwei- oder dreimal rückfällig wurde, sagte er mir dies und ging weg. [5] Und schließlich kam er danach, um im gleichen Rot-Turm das zu Ende zu diktieren, was schriftlich vorliegt. [6] Aber zumal ich schon lange in der Vorbereitung der Abreise stand – der Vortag meines Aufbruchs war der letzte Tag, an dem der Vater mit mir über diesen Stoff sprach (24) –, konnte ich in Rom nicht alles in Länge schreiben. [7] Und da ich in Genua keinen spanischen Schreiber hatte, diktierte ich auf italienisch, was ich von Rom in Punkten schriftlich mitgebracht hatte; und ich beendete die Niederschrift im Dezember 1555 in Genua.

---

(23) Die zweite der ignatianischen »Regeln der Beherrschtheit« lautet: »Die Augen sollen gewöhnlich gesenkt gehalten werden, ohne sie sehr zu erheben noch sie sehr auf die eine oder die andere Seite zu wenden. Und wenn man mit jemand spricht, besonders wenn es sich um eine Respektsperson handelt, soll man sie nicht auf ihr Gesicht gerichtet halten, sondern für gewöhnlich gesenkt.« (GGJ, 879)

(24) Nach n. 99,1 der 20. Oktober 1555.

Der Bericht des Pilgers

I. Loyola

1 Bis zum Alter von sechsundzwanzig (25) Jahren war

(25) Bei der Belagerung der Festung von Pamplona durch die Franzosen wurde Iñigo wohl am Pfingstmontag, dem 20. Mai 1521, verwundet. Würde sich die obige Altersangabe auf dieses Jahr beziehen, dann hätte sein Geburtsjahr 1495 gewesen sein müssen. Sehr wahrscheinlich ist er jedoch 1491 geboren: Auf einem Dokument vom Verkauf eines Pferdes vom 23. Oktober 1505 im Archiv von Azpeitia wird er als Zeuge Ynego de Loyola aufgeführt, wozu er nach damaligem Recht wenigstens vierzehn Jahre alt sein mußte (vgl. MI FD, 169–171). Tatsächlich scheint der im Text folgende Satz »Und als er so ...« auch inhaltlich nicht an den vorangehenden anzuschließen. Es macht vielmehr den Eindruck, daß ein Stück Text ausgefallen ist (vgl. dazu S. 13f und 30f, Fußn. 13 und 14). Iñigo wurde 1506 als Page an den Hof von Juan Velázquez de Cuellar, des Großschatzmeisters von Kastilien gegeben; im Jahr 1517 endete dieser Dienst bei Velázquez de Cuellar. Dessen Lehen war beim Thronantritt von Karl V. der zweiten Frau und Witwe Ferdinands I. zugesprochen worden. Er widersetzte sich erfolglos, mußte kapitulieren und starb am 12. August. Iñigo ging nun in den Dienst von Antonio Manrique de Lara über, der seit 1515 Herzog von Nájera und von 1516–1521 Vizekönig von Navarra war (vgl. unten n. 13,3–4). Auf diesen Zeitpunkt scheint sich die Altersangabe von 26 Jahren zu beziehen. Iñigo begann wohl eine ernsthaftere Lebensweise, so daß einige Biographen von einer ersten Bekehrung sprechen. Für die vorangehende Zeit ist ein 1515 gegen Iñigo und seinen Bruder Pero wegen eines »Exzesses« in der Karnevalszeit in Azpeitia geführter Prozeß dokumentiert, bei dem er sich unter Hinweis auf eine angebliche Tonsurierung und damit Zugehörigkeit zum Klerus von Pamplona der weltlichen

er ein den Eitelkeiten der Welt ergebener Mensch und vergnügte sich hauptsächlich an Waffenübung (26), mit einem großen und eitlen Verlangen, Ehre zu gewinnen.

[2] Und als er so in einer Festung war, die die Franzosen angriffen (27), und alle der Meinung waren,

---

Gerichtsbarkeit entzog (vgl. MI FD, 235). 1518 erbittet Iñigo von Karl V. die Erlaubnis, Waffen zu tragen, im Jahr darauf, zusätzlich von zwei Leibwächtern begleitet zu werden, weil ihm ein Francisco de Oya nach dem Leben trachte und ihn bereits einmal verwundet habe (vgl. LUIS FERNÁNDEZ MARTÍN, *Un episodio desconocido de la juventud de Ignacio de Loyola*, in: AHSJ 44 [1975] 131–138). Francisco Manrique de Lara, der Bruder des Herzogs und spätere Bischof von Salamanca berichtet, mit eigenen Augen gesehen zu haben, wie Iñigo in Pamplona gegen eine Menschengruppe, die ihn anrempelte und an eine Mauer drängte, mit dem Schwert losgegangen sei (MI Scripta I, 566). Vgl. insgesamt: LUIS FERNÁNDEZ MARTÍN, *Los años juveniles de Iñigo de Loyola – Su formación en Castilla*, Valladolid 1981. Juan de Polanco beschreibt Iñigos Lebensweise mit diesen Worten: »Bis zu dieser Zeit lebte er, obwohl er dem Glauben zugetan war, überhaupt nicht diesem entsprechend und hütete sich auch nicht vor Sünden; vielmehr war er besonders mutwillig in Spielen und in Frauensachen und in Tumulten und Waffendingen.« (MI FN I, 154)

(26) Waffenübungen und Turniere waren für junge Adlige eine Art Statussymbol.

(27) Der französische König François I. wollte die Ansprüche von Henri d'Albret auf den Thron von Navarra unterstützen und ließ deshalb die Stadt Pamplona belagern. Als die Stadt bereits zur Übergabe bereit war, traf Iñigo mit einer Entsatztruppe aus Guipúzcoa unter Führung seines Bruders Martín ein; weil letzterer nicht das Oberkommando erlangen konnte, zog er sich mit seinen Leuten wieder zurück, während Iñigo aus eigenem Entschluß sich mit wenigen

sie sollten sich bei Zusicherung ihres Lebens ergeben, da sie deutlich sahen, daß sie sich nicht verteidigen konnten, [3] brachte er dem Festungshauptmann (28) so viele Gründe, daß er ihn doch überredete, sich zu verteidigen, wiewohl gegen die Meinung aller Ritter. Und diese wurden durch seinen Mut und Einsatz mitgerissen. [4] Und als der Tag gekommen war, an dem die Schlacht erwartet wurde, beichtete (29) er bei einem von diesen seinen Waffengefährten.

[5] Und nachdem die Schlacht eine gute Weile gedauert hatte, traf ihn eine Kanone an einem Bein und zerbrach es ihm ganz. Und weil die Kugel zwischen beiden Beinen durchging, wurde auch das andere übel verwundet.

2 Und so ergaben sich, als er ausfiel, die von der Festung dann den Franzosen (30), welche, nachdem

---

anderen in die Festung begab (vgl. MI FN II, 63).

(28) Die Franzosen hatten die Stadt erobert und verlangten, daß sich die Festung ergebe. Der Festungshauptmann Miguel de Herrera nahm zu Verhandlungen mit dem feindlichen Heerführer André de Foix auch Iñigo de Loyola mit (vgl. MI FN I, 155).

(29) In der lateinischen Übersetzung von Annibal du Coudray heißt es ausführlicher: »Als der Tag kam, an dem erwartet wurde, daß die Schlacht stattfinden werde, machte er einem der Edlen, mit dem er sich oft mit den Waffen gemessen hatte, eine Beichte seiner Verbrechen, und dieser beichtete umgekehrt ihm.« (MI FN I, 365) – Thomas von Aquin bezeichnet die Beichte bei einem Laien, wenn kein Priester erreichbar ist, als im Verlangen nach einem Priester begründet; es handelt sich um das sogenannte »Verlangen nach dem Sakrament«, das an der Gnade des Sakraments selbst teilhat (*In IV Sent. d17 q3 a3 sol2 ad 1 et 2*).

(30) Die Übergabe fand erst am 23. oder 24. Mai 1521 statt

sie sich der Festung bemächtigt hatten, den Verwundeten sehr gut behandelten; sie behandelten ihn höflich und freundschaftlich.

[2] Und nachdem er zwölf oder fünfzehn Tage in Pamplona gewesen war, brachte man ihn auf einem Tragbett in seine Heimat (31). [3] Und als er sich dort sehr schlecht fand und alle Ärzte und Chirurgen aus vielen Gegenden rief, urteilten sie, daß das Bein noch einmal auseinandergebracht und die Knochen noch einmal an ihre Stellen gesetzt werden müßten. [4] Sie sagten, weil sie das andere Mal schlecht zusammengesetzt worden oder weil sie auf dem Weg auseinandergeraten wären, seien sie außerhalb ihrer Stellen, und so könne er nicht gesunden. [5] Und es wurde von neuem diese Schlächterei ausgeführt, bei der er, so wie bei allen anderen Malen, die er vorher durchgemacht hatte (32) oder später durchmachen sollte, niemals ein Wort sprach und kein anderes Zeichen von Schmerz zeigte, als die Fäuste sehr zusammenzupressen.

3 Und es ging ihm doch immer schlechter. Er konnte nicht essen; und dazu die übrigen Vorkommnisse, die Zeichen für den Tod zu sein pflegen. [2] Und als der

(vgl. LUIS FERNÁNDEZ MARTÍN, *Los años juveniles de Iñigo de Loyola*, Valladolid 1981, 288–304).

(31) In der lateinischen Übersetzung heißt es: »Und nachdem er 12 oder 15 Tage in Pamplona in demselben Zimmer verbracht hatte, das er zuvor gehabt hatte, wobei er jedoch in dieser ganzen Zeit von den besten Ärzten des französischen Heeres behandelt wurde, wurde er auf einem Tragbett in das Haus von Loyola gebracht.«

(32) Möglicherweise hatte Ignatius in einem nicht überlieferten Textstück noch von anderen Malen erzählt (vgl. Fußn. 13f und 25).

Tag des hl. Johannes (33) kam, riet man ihm zu beichten, weil die Ärzte sehr wenig Vertrauen auf seine Rettung hatten. [3] Und als er so die Sakramente empfing, sagten die Ärzte am Vortag des hl. Petrus und des hl. Paulus (34): Wenn er bis Mitternacht keine Besserung verspüre, könne er sich für tot rechnen.

[4] Der genannte Kranke pflegte andächtig zum hl. Petrus zu sein (35). Und so wollte unser Herr, daß er in jener selben Mitternacht sich besser zu befinden begann. [5] Und die Besserung nahm so sehr zu, daß man wenige Tage darauf urteilte, er sei außer Todesgefahr.

4 Und als bereits die Knochen miteinander zusammenzuwachsen begannen, blieb ihm über dem Knie ein Knochen über dem anderen aufsitzen. Dadurch blieb das Bein kürzer; und der Knochen trat dort so hervor, daß es eine häßliche Sache war. [2] Und da er dies nicht ertragen konnte, weil er entschlossen war, der Welt zu folgen, und urteilte, daß ihn dies häßlich mache, erkundigte er sich bei den Chirurgen, ob man jenes Stück abschneiden könne. [3] Und sie sagten, man könne es wohl abschneiden; aber die Schmerzen würden größer als alle sein, die er schon durchgemacht habe, weil es bereits geheilt sei und Platz nötig sei, um es abzuschneiden. [4] Und doch entschloß er sich, sich für seinen eigenen Geschmack martern zu lassen, obwohl sein älterer Bruder (36) sich entsetzte und

---

(33) 24. Juni.

(34) 29. Juni.

(35) Polanco berichtet, daß Iñigo früher einmal ein Gedicht zu Ehren des hl. Petrus verfaßt habe (PCh I, 13). Der hl. Petrus war der Patron seiner Pfarrkirche in Arévalo, als Iñigo im Dienst von Juan Velázquez de Cuellar stand.

(36) Martín García de Loyola, der zweitälteste Bruder nach

sagte, er würde es nicht wagen, solchen Schmerz zu ertragen. Doch der Verwundete ertrug ihn mit seiner gewohnten Geduld.

5 Und als das Fleisch und der Knochen, der dort überstand, abgeschnitten waren, war man darauf bedacht, Heilmittel anzuwenden, damit das Bein nicht so kurz bleibe. Man gab ihm viele Salben und streckte es mit Instrumenten beständig aus, die ihn viele Tage marterten.

[2] Doch unser Herr schenkte ihm allmählich Heilung. Und allmählich befand er sich so gut, daß er in allem sonst gesund war und sich nur nicht gut auf dem Bein halten konnte. Und so war er gezwungen, im Bett zu bleiben. [3] Und weil er der Lektüre von weltlichen und falschen Büchern sehr ergeben war, die man Ritterromane zu nennen pflegt, bat er, als er sich gut fühlte, man möge ihm einige davon geben, um die Zeit zu verbringen. [4] Doch in jenem Haus fand sich keines von denen, die er zu lesen pflegte. Und so gaben sie ihm ein *Leben Christi* und ein Buch vom Leben der Heiligen auf spanisch (37).

---

dem Erstgeborenen Juan Pérez de Loyola, der 1496 in Neapel gestorben war. Iñigo war der Jüngste unter dreizehn Geschwistern; er hatte sieben Brüder und fünf Schwestern.

(37) Diese beiden Bücher sind wahrscheinlich als Geschenk der Königin Isabel anläßlich der Hochzeit von Martín García de Oñaz y Loyola mit Magdalena de Araoz im Jahre 1498 nach Loyola gekommen. Letztere vertrat nach dem frühen Tod seiner Mutter deren Stelle für Iñigo (vgl. RICARDO GARCÍA-VILLOSLADA, *Ignacio de Loyola – Nueva biografía*, Madrid 1986, 51). Das vierbändige »Leben Christi« wurde nach seinem Autor, dem Kartäuser Ludolf von Sachsen (†1377), auch »Der Kartäuser« genannt und war das meistgelesene Erbauungsbuch des Spätmittelalters (vgl.

6 Indem er in ihnen oftmals las, gewann er eine gewisse Zuneigung zu dem, was er dort geschrieben fand. [2] Doch wenn er aufhörte, sie zu lesen, verweilte er manchmal dabei, an die Dinge zu denken, die er gelesen hatte; andere Male an die Dinge der Welt, die er früher zu denken pflegte. [3] Und von vielen eitlen Dingen, die sich ihm anboten, hatte eines so sehr sein Herz in Besitz genommen, daß er alsbald zwei und drei und vier Stunden, ohne es zu verspüren, darin vertieft war, an es zu denken. [4] Er stellte sich vor, was er im Dienst für eine Herrin zu tun hätte; die Mittel, die er anwenden würde, um in das Gebiet gehen zu können, wo sie war; die Sinnsprüche und Worte, die er ihr sagen würde; die Waffentaten, die er in ihrem Dienst ausführen würde. [5] Und er war damit so voll Eitelkeit, daß er nicht beachtete, wie unmöglich war, es erreichen zu können (38). Denn die Herrin war nicht von gemeinem Adel: nicht Gräfin, nicht Herzogin, sondern ihr Stand war höher als alle beide (39).

WALTER BAIER, Art. *Ludolfe de Saxe*, in: *Dictionnaire de Spiritualité* IX [1976] 1130–1138). Es bietet eine ausführliche Erläuterung der Evangelien als Einführung in die Meditation. Bei dem »Buch vom Leben der Heiligen« handelte es sich um eine Übersetzung der *Legenda aurea* des Dominikaners Giacomo de Varazze, der 1298 als Erzbischof von Genua starb. Jedes Kapitel ist einem Fest des Kirchenjahrs gewidmet und enthält viele Wunderberichte.

(38) Später ist für Ignatius bezeichnend, daß er von seinen Zielen her immer nach den Mitteln zu ihrer Erreichung fragt; vgl. LUÍS GONÇALVES DA CÂMARA, Memoriale 16.

(39) Möglicherweise handelte es sich um die Infantin Catalina de Austria, die jüngere Schwester Karls V. und spätere Gemahlin des portugiesischen Königs João III.; vgl. RI-

7 Doch kam unser Herr ihm zu Hilfe. Er bewirkte, daß auf diese Gedanken andere folgten, die aus den Dingen entstanden, die er las. [2] Denn wenn er das Leben unseres Herrn und der Heiligen las, verweilte er dabei, zu denken und bei sich zu reden: »Was wäre, wenn ich das täte, was der hl. Franziskus getan hat, und das, was der hl. Dominikus getan hat?« [3] Und so ging er viele Dinge durch, die er gut fand. Er nahm sich immer für sich selbst schwierige und schwere Dinge vor. Und wenn er sie sich vornahm, schien ihm, er finde Leichtigkeit in sich, sie ins Werk zu setzen. [4] Doch war seine ganze Gedankenfolge (40), bei sich zu sagen: »Der hl. Dominikus hat dies getan; also muß ich es tun. Der hl. Franziskus hat dies getan; also muß ich es tun.« [5] Auch diese Gedanken dauerten eine gute Weile. Und nachdem andere Dinge dazwischen gekommen waren, folgten darauf die oben genannten Gedanken von der Welt. Und auch bei ihnen verweilte er einen großen Zeitraum. [6] Und diese Aufeinanderfolge von so verschiedenen Gedanken dauerte bei ihm viel Zeit, wobei er sich immer bei dem Gedanken aufhielt, der wiederkehrte; [7] sei es über jene weltlichen Großtaten, die er auszuführen verlangte, oder über jene anderen von Gott, die sich ihm für die Phantasie anboten; solange, bis er aus Ermüdung damit aufhörte und auf andere Dinge achtete.

8 Es gab jedoch diesen Unterschied: Wenn er an das von der Welt dachte, vergnügte er sich sehr. Doch

---

CARDO GARCÍA-VILLOSLADA, *Ignacio de Loyola - Nueva biografía*, Madrid 1986, 161–166.

(40) Vgl. nn. 9,2; 14,1.4; 20,1; 21,5, wo Ignatius ebenfalls darauf hinweist, daß ihm die eigentliche geistliche Einsicht noch fehlte.

wenn er danach aus Ermüdung davon abließ, fand er sich trocken und unzufrieden. [2] Und wenn er daran dachte, barfuß nach Jerusalem zu gehen und nur Kräuter zu essen und alle übrigen Strengheiten auszuführen, von denen er las, daß die Heiligen sie ausgeführt hatten, [3] war er nicht nur getröstet, während er bei diesen Gedanken war, sondern blieb auch, nachdem er davon abgelassen hatte, zufrieden und froh. [4] Doch achtete er nicht darauf und verweilte nicht dabei, diesen Unterschied zu wägen, bis sich ihm einmal ein wenig die Augen öffneten und er begann, sich über diese Verschiedenheit zu wundern und über sie nachzudenken, [5] da er durch Erfahrung (41) erfaßte, daß er von den einen Gedanken traurig blieb und von den anderen froh. Und allmählich begann er, die Verschiedenheit der Geister zu erkennen, die sich bewegten, der eine vom Teufel und der andere von Gott (42).

---

(41) Erfahrung im Unterschied zur Belehrung durch andere.

(42) Vgl. GÜ 32: »Ich setze voraus, daß dreierlei Gedanken in mir sind, nämlich einmal mein eigener, der aus meiner bloßen Freiheit und meinem Wollen hervorgeht; und zwei andere, die von außen kommen: der eine, der vom guten Geist kommt, und der andere vom bösen.« »Geist« kann hier auch sehr allgemein verstanden werden als jeglicher gute oder böse Einfluß der von außen begegnenden Wirklichkeit auf das Selbstverständnis eines Menschen; vgl. DIONYSIUS DER KARTÄUSER (1402/3–1471), *De discretione et examinatione spirituum*, der unter den verschiedenen Bedeutungen, in denen man in seiner Zeit von »Geist« spricht (Heiliger Geist, Engel, Seele), auch aufführt: »Geister, durch die wir von außen bewegt werden, nämlich daß die sichtbaren Dinge schön, die zu hörenden erfreulich, die zu riechenden angenehm, die süßschmekkenden wohltuend, die zu berührenden liebreich und die nützlichen hilfebringend sind.« (*Opera omnia*, 40,

[6] Dies war die erste Überlegung, die er in den Dingen Gottes anstellte. Und danach, als er die Übungen verfaßte, begann er von hieraus Licht für »die Verschiedenheit der Geister« (43) zu gewinnen. (44)

9 Und da er nicht wenig Licht aus dieser Lektüre erlangt hatte, begann er, mehr im Ernst sein vergangenes Leben zu bedenken und wie sehr er es notwendig hatte, dafür Buße zu tun. [2] Und hier bot sich ihm das Verlangen an, die Heiligen nachzuahmen, wobei er nicht auf mehr Umstände schaute (45), als sich so mit der Gnade Gottes zu versprechen, es zu tun, wie sie es getan hatten. [3] Doch alles, was er zu tun ver-

---

268). Vgl. auch LEO BAKKER, Freiheit und Erfahrung – Redaktionsgeschichtliche Untersuchungen über die Unterscheidung der Geister bei Ignatius von Loyola, Würzburg 1970.

(43) Vgl. GÜ, »Regeln zur Unterscheidung der Geister« (nn. 313–336).

(44) Solche eingerückten Abschnitte hier und im folgenden waren im Originalmanuskript nachträgliche Einfügungen von der Hand von Luis Gonçalves da Câmara.

(45) Diego Laínez schreibt in einem Brief vom 16. Juni 1547 über Ignatius an Juan de Polanco: »Und so schien ihm damals in guter Absicht, daß die Heiligkeit an der Härte zu messen sei, so daß derjenige, der die härtere Buße tue, vor Gott unserem Herrn heiliger sei; und dies ließ ihn den Vorsatz eines sehr harten Lebens fassen.« (MI FN I, 74). Der Fortschritt im geistlichen Leben wird für Ignatius darin bestehen, den Umständen, und das heißt der Wirklichkeit, gerechter zu werden und vor allem den Sinn allen äußeren Tuns zu erfassen: Demut, Liebe, Geduld und Klugheit (vgl. n. 14,4).

langte, war, sobald er gesund würde, die Reise nach Jerusalem, wie es oben gesagt ist, mit so vielen Geißelungen und solchen Enthaltungen, wie sie ein großzügiger, von Gott entzündeter Sinn (46) auszuführen zu verlangen pflegt.

10 Und die vergangenen Gedanken begann er bereits mit dem heiligen Verlangen, das er hatte, zu vergessen. Und dies wurde ihm durch eine Heimsuchung auf diese Weise bestätigt: [2] Eine Nacht war er wach und sah deutlich ein Bild unserer Herrin mit dem heiligen Jesuskind, bei deren Anblick über einen beachtlichen Zeitraum er sehr übermäßige Tröstung empfing. [3] Und er verblieb mit solchem Ekel gegen sein ganzes vergangenes Leben und besonders gegen Dinge des Fleisches, daß ihm schien, ihm seien alle Vorstellungsbilder aus der Seele genommen, die er zuvor in ihr gemalt trug. [4] Und so hatte er seit jener Stunde bis zum August (47) des Jahres 1553, da dies geschrieben wird, niemals mehr auch nur eine geringste Zustimmung in Dingen des Fleisches. [5] Und aus dieser Wirkung kann man urteilen, daß die Sache von Gott war, obwohl er es nicht zu bestimmen wagte und auch mehr nicht sagte, als das Obengesagte zu behaupten. [6] Doch sowohl sein Bruder wie alle übrigen Hausbewohner konnten am Äußeren die Veränderung erkennen, die innerlich in seiner Seele geschehen war.

11 Indem er sich um nichts kümmerte, verharrte er bei seiner Lektüre und bei seinen guten Vorsätzen. Und die Zeit, die er mit den Hausbewohnern verkehrte, verwandte er ganz auf Dinge Gottes, womit er ihren Seelen Nutzen (48) bewirkte.

---

(46) Vgl. GÜ 5.

(47) Vgl. im Vorwort S. 30 bei Fußn. 12.

(48) Zum erstenmal begegnet hier ein Ausdruck, der im

2 Und da er viel Geschmack an jenen Büchern fand, kam ihm in den Sinn, einige wesentlichere Dinge aus dem Leben Christi und der Heiligen in Kürze herauszuschreiben. 3 Und so begibt er sich daran, mit viel Sorgfalt ein Buch zu schreiben,

welches etwa 300 Seiten hatte,
alle im Quartformat beschrieben,

– denn er begann bereits, ein wenig im Haus herum aufzustehen –: die Worte Christi mit roter Tinte, die unserer Herrin mit blauer Tinte; 4 und das Papier war geglättet und liniert; und mit schöner Schrift, da er ein sehr guter Schreiber (49) war. 5 Einen Teil der Zeit verbrachte er mit Schreiben, einen Teil mit Gebet. 6 Und die größte Tröstung, die er empfing, war, den Himmel zu schauen und die Sterne (50). Dies tat er

---

Folgenden immer wieder Motivation für Entscheidungen ist: »den Seelen nützen« oder »den Seelen helfen«; vgl. nn. 26,1; 29,3; 45,3; 50,3; 54,3; 63,1; 70,7; 71,5; 85,2; 88,4; 98,3. Mit »Seele« ist hier der Mensch (»der Nächste«, n. 70,4) in seinem Verhältnis zu Gott gemeint.

(49) Seine sorgfältige Schrift geht vermutlich auf die Ausbildung am Hof des Großschatzmeisters von Kastilien, Juan Velázquez de Cuellar, zurück. Iñigo hat dort wohl auch Schriftverkehr und Buchführung gelernt. Von Ignatius' eigener Hand sind eine Reihe von Briefen, sein Votum für die Generalswahl von 1541, das Geistliche Tagebuch sowie Verbesserungen in den Manuskripten der Geistlichen Übungen und der Satzungen erhalten.

(50) Pedro de Ribadeneira berichtet, daß Ignatius – auch in Rom noch – immer wieder andächtig den Sternenhimmel betrachtete (MI FN IV, 747). Vgl. auch: »Wir sahen, wie er sehr oft von kleinen Dingen Gelegenheit nahm, den Geist zu Gott zu erheben, der auch in den geringsten wunderbar ist. Wenn er eine Pflanze, einen Grashalm, ein Blatt, eine Blume, irgendeine Frucht sah oder bei der Betrachtung

viele Male und über lange Zeit; denn dadurch verspürte er in sich einen sehr großen Eifer, Gott unserem Herrn zu dienen. [7] Er dachte viele Male an seinen Vorsatz und wünschte, bereits ganz gesund zu sein, um sich auf den Weg zu machen.

12 Und indem er seine Pläne machte, was er tun würde, nachdem er von Jerusalem zurückgekehrt wäre, um immer in Buße zu leben, bot sich ihm an, in die Kartause (51) von Sevilla einzutreten, ohne zu sagen, wer er sei, damit sie ihn geringachteten, und dort nur noch Kräuter zu essen. [2] Doch wenn er ein anderes Mal wieder an die Bußen dachte, die er, in der Welt umherziehend, auszuführen verlangte, erkaltete ihm das Verlangen nach der Kartause. Er fürchtete, er könne nicht den Haß ausüben, den er gegen sich gefaßt hatte (52). [3] Er beauftragte jedoch einen Diener des Hauses, der nach Burgos ging, er solle sich nach

---

eines Würmchens oder sonst eines Tierleins, wurde er über die Himmel erhoben und drang in das Innerste und den Sinnen Entzogenste ein; und von jeder kleinen Sache von diesen gewann er Lehre und sehr nützliche Hinweise für das geistliche Leben. Und er wünschte, daß sich alle von der Gesellschaft gewöhnen, Gott immer in allen Dingen gegenwärtig zu haben, und daß sie unterwiesen werden, zu ihm die Herzen zu erheben, nicht nur im zurückgezogenen Gebet, sondern auch in allen anderen Beschäftigungen, indem sie diese ausrichten und ihm darbringen, so daß sie nicht weniger Andacht in der Tätigkeit als in der Besinnung verspüren.« (MI FN IV, 743)

(51) Santa María de las Cuevas.

(52) Später wird Ignatius davor warnen, »daß man, um den alten Menschen zu kreuzigen, den neuen kreuzigt und wegen der Schwäche nicht die Tugenden üben kann«; es dürfe nicht »sich selbst gegenüber schlecht sein, wer anderen gut sein will« (Brief 169 [BU, 146f]).

der Regel der Kartause (53) erkundigen; und die Information, die er über sie erhielt, schien ihm gut. [4] Doch aus dem oben genannten Grund und weil er ganz in die Reise vertieft war, die er bald zu machen dachte, und jenes erst nach der Rückkehr (54) zu behandeln war, schaute er nicht so sehr danach. [5] Vielmehr schien ihm, als er sich bereits mit einigen Kräften fand, es sei Zeit zum Aufbruch. Und er sagte seinem Bruder: [6] »Herr, wie ihr wißt, weiß der Herzog von Nájera (55) bereits, daß ich gesund bin. Es wird gut sein, daß ich nach Navarrete gehe«; dort war damals der Herzog. [7] Der Bruder führte ihn in ein Zimmer und danach in ein anderes, und mit vieler Bestürzung beginnt er, ihn anzuflehen, er möge sich doch nicht ins Verderben stürzen und er solle darauf schauen, wie große Hoffnung die Leute auf ihn setzten (56)

---

(53) Miraflores. Ignatius hatte auch später viel Kontakt mit Kartäusern (vgl. nn. 75,3 und 90,3). Die Gesellschaft Jesu hat 1544 mit dem Kartäuserorden einen Vertrag besonderer Freundschaft geschlossen. Vgl. JEAN BEYER, *Saint Ignace de Loyola chartreux*, in: *NRTH* 78 (1957) 937-951. Auch Diego Laínez berichtet, Ignatius habe Kartäuser werden wollen; aber als er danach gesehen habe, er sei zur Hilfe für die anderen berufen, habe er gesagt, er habe eher Konventuale als Observant sein wollen, um mehr den Seelen helfen zu können (MI FN II, 138).

(54) Der Wunsch, in Jerusalem zu bleiben (n. 45,3), scheint erst nach dem Aufenthalt in Manresa zu entstehen.

(55) Antonio Manrique de Lara, in dessen Dienst Iñigo von 1517 an gestanden hatte. Vgl. Fußn. 25.

(56) In dem Brief an die Ordensstudenten in Coimbra vom 7. Mai 1547 kehrt dieses Argument, ins Geistliche gewendet, wieder: »Und in dieser Hinsicht werde ich es nicht unterlassen, selbst denen von Euch, die laufen, die Sporen zu

und wieviel er gelten könne, und andere ähnliche Worte, alle mit der Absicht, ihn von dem guten Verlangen abzubringen, das er hatte.

Sein Bruder und einige Hausbewohner hatten den Verdacht, er wolle irgendeine große Veränderung vornehmen.

[8] Doch die Antwort war solcherart, daß er, ohne sich von der Wahrheit zu entfernen – denn dagegen hatte er bereits einen großen Skrupel –, dem Bruder auswich.

II. Zum Montserrat

13 Und so ritt er auf einem Maultier (57). Ein anderer von seinen Brüdern (58) wollte mit ihm bis Oñate reisen. Diesen überredete er auf dem Weg, daß sie eine Nachtwache in »Unsere Herrin von Aránzazu« halten wollten.

[2] Von dem Tag an, an dem er von seiner Heimat aufbrach, geißelte er sich immer jede Nacht.

[3] Dort betete er jene Nacht, um neue Kräfte für seinen Weg zu erlangen (59).

---

geben. Denn gewiß kann ich Euch sagen, daß Ihr Euch bis zum Äußersten in Wissenschaften und Tugenden sehr bemühen müßt, wenn Ihr der Erwartung entsprechen wollt, in die Ihr so viele Personen nicht nur in diesem Königreich [Portugal], sondern auch an vielen anderen Orten versetzt habt.« (Brief 169 [BU, 139]).

(57) Da Iñigo kurz vor dem 25. März zum Montserrat gelangt, ist anzunehmen, daß er Loyola Ende Februar oder Anfang März verlassen hat.

(58) Vermutlich Pero López de Loyola, der Priester war und später Pfarrer von Azpeitia wurde; vgl. Fußn. 25.

(59) Unweit von Loyola liegt der Marienwallfahrtsort Aránzazu

Er ließ seinen Bruder in Oñate im Haus einer Schwester (60), die er besuchen ging, und selbst begab er sich nach Navarrete. [4] Und da ihm die Erinnerung an einige wenige Dukaten kam, die man ihm im Haus des Herzogs schuldete, schien es ihm gut, sie einzuziehen. Dafür schrieb er einen Zettel an den Schatzmeister. [5] Und als der Schatzmeister sagte, daß er kein Geld habe, und der Herzog es erfuhr, sagte dieser, es könne für alles fehlen, doch dürfe es nicht für Loyola fehlen. Und er wünschte, ihm eine gute Statthalterschaft (61) zu geben, wenn er sie annehmen

---

(»Du bist unter Dornen«). Nach der Tradition erschien 1468 Maria einem Hirtenknaben. Der Ort wurde bald zum Nationalheiligtum der Basken. Diego Laínez, einer der Pariser Gefährten von Ignatius und späterer General der Gesellschaft Jesu, berichtet, Ignatius habe auf dem Weg zum Montserrat »das Gelübde der Keuschheit abgelegt, und zwar unserer Herrin, zu der er besondere Andacht hatte« (MI FN I, 76). Ignatius selbst schreibt später in einem Brief an Francisco de Borja vom 20. August 1544 auf dessen Bitte, sich bei Papst Julius III. für ein Jubiläumsjahr der Diözesen Pamplona und Calahorra zugunsten des Wiederaufbaus der durch ein Feuer zerstörten Kirche von Aránzazu einzusetzen: »Von mir kann ich Euch sagen, daß ich besonderen Grund habe, dies zu wünschen; denn als Gott unser Herr mir Gnade schenkte, einige Änderung meines Lebens durchzuführen, erinnere ich mich, einigen Nutzen in meiner Seele empfangen zu haben, als ich in jenem Kirchenraum Nachtwache hielt.« (MI Epp. VII, 422)

(60) Vermutlich Magdalena de Oñaz y Loyola, die mit Juan López de Gallaiztegui verheiratet war.

(61) Wahrscheinlich handelt es sich um die Befehlshaberschaft über eine Festung; vgl. LUIS FERNÁNDEZ MARTÍN, *Iñigo de Loyola ¿«Teniente» del castillo de Fermoselle?*, in: Hispania Sacra 35 (1983) 143–159.

wolle, wegen des Vertrauens, das er in der Vergangenheit gewonnen hatte. [6] Und er zog das Geld ein und gab Auftrag, es an bestimmte Personen aufzuteilen, denen er sich verpflichtet fühlte, und einen Teil für ein Bild unserer Herrin, das schlecht hergerichtet war, damit man es herrichte und sehr gut schmücke. [7] Und so verabschiedete er die beiden Diener, die mit ihm gingen, und brach allein auf seinem Maultier von Navarrete zum Montserrat auf.

14 Und auf diesem Weg geschah ihm eine Sache, die aufzuschreiben gut sein wird, damit man versteht, wie unser Herr sich gegenüber dieser Seele verhielt, die noch blind war, wenn auch mit großem Verlangen, ihm in allem, was sie erkennen würde, zu dienen. [2] Und so entschloß er sich, große Bußübungen auszuführen. Er hatte dabei bereits nicht mehr so sehr acht darauf, für seine vergangenen Sünden genugzutun, sondern Gott genehm zu sein und ihm zu gefallen (62).

Er hatte so großen Abscheu vor den vergangenen Sünden und das Verlangen so lebendig, große Dinge aus Liebe zu Gott zu tun, daß er, ohne ein Urteil zu bilden, daß seine vergangenen Sünden vergeben seien, doch in den Bußübungen, die auszuführen er

(62) Gegenüber dem in n. 9 Berichteten tritt das Verlangen, für vergangene Sünden Buße zu tun, zurück. Das Von-Gott-Geführtwerden besteht für Ignatius darin, immer mehr von der geistlichen Blindheit befreit zu werden und zu einem Glaubensverständnis zu kommen, dessen Frucht ein liebevolles, menschliches Verhalten ist.

unternahm, sich nicht viel an sie erinnerte.

[3] Und wenn er sich so daran erinnerte, irgendeine Bußübung auszuführen, welche die Heiligen ausgeführt hatten, nahm er sich vor, die gleiche auszuführen und sogar noch mehr. [4] Und in diesen Gedanken hatte er seine ganze Tröstung. Er schaute auf nichts Inneres und wußte auch nicht, was für eine Sache Demut und Liebe und Geduld waren und Klugheit, um diese Tugenden zu regeln und zu bemessen; [5] sondern seine ganze Absicht war, solche großen äußeren Dinge auszuführen, weil die Heiligen sie so für Gottes Ehre ausgeführt hatten; und er schaute auf keinen anderen, mehr besonderen Umstand.

15 Wie er also seines Weges zog, holte ihn ein Maure (63) ein, ein Reiter auf einem Maultier. Und wie die beiden miteinander sprachen, kamen sie darauf, über unsere Herrin zu sprechen. [2] Und der Maure sagte, es schiene ihm wohl, daß die Jungfrau ohne einen Mann empfangen habe; aber das Gebären und dabei Jungfrau-Bleiben, das könne er nicht glauben. Und er gab dafür die natürlichen Gründe, die sich ihm anboten (64). [3] Der Pilger (65) konnte ihm diese

---

(63) »Mauren (*moros, moriscos*)« nannte man die nach der spanischen Rückeroberung von Granada (1492) im Land verbliebenen Muslime, die sich, um ihre Vertreibung zu vermeiden, taufen ließen. Die damalige Zahl von Mauren im Königreich Aragón wird auf 200.000 geschätzt.

(64) Zum Verständnis aller Glaubensaussagen ist zu beachten, daß sie sich auf Gottes Selbstmitteilung an geschöpfliche Wirklichkeit beziehen. Sie sind deshalb in ihrer Wahrheit nicht mit »natürlichen Gründen« zu erkennen, sondern allein dem Glauben zugänglich. Sie unterscheiden sich aber nicht nur in der Erkenntnisweise, sondern auch

Auffassung, so viele Gründe er ihm gab, nicht auflösen. [4] Und so ritt der Maure mit soviel Eile voran, daß er ihn aus der Sicht verlor. Er blieb im Nachdenken darüber, was mit dem Mauren gewesen war. [5] Und dabei kamen ihm einige Regungen, die in seiner Seele Unzufriedenheit bewirkten. Ihm schien, daß er seine Pflicht nicht getan habe; [6] und auch verursachen sie ihm Unwillen gegen den Mauren. Es schien ihm, er habe schlecht getan, zuzulassen, daß ein Maure solche Dinge über unsere Herrin sage, und daß er verpflichtet sei, ihre Ehre wiederherzustellen. [7] Und so kam ihm das Verlangen, den Mauren suchen zu gehen und ihm Dolchstöße zu versetzen für das, was er gesagt hatte. Und indem er lange im Kampf dieser Wünsche verharrte, blieb er zum Schluß im Zweifel, ohne zu wissen, was zu tun er verpflichtet sei. [8] Der Maure, der vorangeritten war, hatte ihm gesagt, daß er an einen Ort (66) reiste, der ein wenig weiter voran auf seinem selben Weg lag, ganz nahe bei dem Königsweg, aber nicht, daß der Königsweg durch den Ort ging.

16 Und indem er es so müde geworden war, zu erforschen, was gut zu tun wäre, und er nichts Gewisses fand, wozu er sich entschließen sollte, entschloß er sich zu diesem: *nämlich*, das Maultier mit verhängtem Zügel zu dem Ort gehen zu lassen, wo die Wege sich teilten. [2] Und wenn das Maultier auf dem Weg in das

---

inhaltlich, dem Gegenstand nach, von dem, was die Vernunft mit ihren Mitteln erkennen kann (vgl. I. Vatikanum, DH 3015).

(65) Von hier an im vorliegenden Text als Selbstbezeichnung von Ignatius; vgl. auch seinen mit »der arme Pilger Iñigo« unterzeichneten Brief vom 6. Dezember 1524 aus Barcelona an Agnès Pascual (Brief 2 [BU, 2]).

(66) Wahrscheinlich Pedrola.

Städtchen ginge, würde er den Mauren suchen und ihn mit Dolchstößen versehen; wenn es nicht in Richtung des Städtchens ginge, sondern auf dem Königsweg, ihn in Ruhe lassen. [3] Und indem er es so tat, wie er gedacht hatte (67), wollte unser Herr, daß das Maultier den Königsweg nahm und den Weg zum Städtchen ließ, obwohl das Städtchen wenig weiter als dreißig oder vierzig Schritte weit lag und der Weg, der dorthin ging, sehr breit und sehr gut war.

[4] Und als er in ein großes Dorf (68) vor dem Montserrat kam, wollte er dort die Kleidung kaufen, die er zu tragen beschlossen hatte, mit der er nach Jerusalem zu reisen hätte. [5] Und so kaufte er Stoff, aus dem man Säcke zu machen pflegt, von einer Art, die nicht sehr gewebt ist und viele Borsten hat. Und er ließ sogleich daraus ein bis zu den Füßen langes Gewand machen. Und er kaufte einen Stock und eine Kürbisflasche und legte alles vor den Sattelbogen des Maultiers.

Und er kaufte auch ein Paar Hanfschuhe, von denen er nur einen trug, und dies nicht aus Zeremonie, sondern weil er das eine Bein ganz mit einer Binde umwickelt trug und etwas übel mitgenommen, so sehr, daß er es, obwohl er ritt, jeden Abend

---

(67) In den ignatianischen Schriften findet man allgemein die ausdrückliche sprachliche Unterscheidung zwischen Vorstellung, Entschluß und Ausführung; vgl. z. B. GÜ 93–98.

(68) Nach Antonio de Araoz handelte es sich um Lérida (MI Scripta I, 725), wahrscheinlicher ist jedoch Igualada. Der Weg führte von Logroño über Zaragoza (174 km), von dort nach Lérida (140 km) und weiter nach Igualada (90 km).

geschwollen fand. An diesem Fuß schien es ihm notwendig, einen Schuh zu tragen.

17 Und er begab sich auf seinen Weg zum Montserrat. Dabei dachte er, wie er es immer pflegte, an die Großtaten, die er aus Liebe zu Gott auszuführen hatte. [2] Und da er den ganzen Verstand voll von jenen Dingen hatte, Amadís de Gaula (69) und ähnlichen Büchern, kamen ihm einige Dinge in den Sinn, die jenen ähnlich waren. [3] Und so entschloß er sich, eine ganze Nacht, ohne sich zu setzen oder zu legen, sondern zeitweise stehend und zeitweise kniend Waffenwache

---

(69) Iñigo hatte diesen Roman aus dem 14. Jahrhundert wohl in einer 1508 in Zaragoza gedruckten Neufassung von Garcí Ordóñez de Montalvo gelesen. Im vierten Buch, Kap. 52, wird beschrieben, wie Esplandián, der Sohn des Amadís, eine Nachtwache vor einem Muttergottesaltar hält: »Nachdem Esplandián, wie ihr hört, die Waffen angelegt wurden, traten vier Mädchen in die Kapelle, ein jedes jeweils mit einer Ritterkleidung und so weißen und hellen Waffen wie der Mond, geschmückt und geziert mit vielen Edelsteinen mit schwarzen Kreuzen, und ein jedes kleidete einen der Knappen; und indem diese Esplandián vor dem Altar der Jungfrau Maria kniend in ihre Mitte nahmen, hielten sie die Waffenwache, wie es in jener Zeit Sitte war. Alle hatten Hände und Haupt ungewappnet. Esplandián war in ihrer Mitte von solcher Schönheit, daß sein Antlitz wie die Strahlen der Sonne leuchtete, so sehr, daß es alle jene sehr verwundern machte, die ihn sahen. Mit viel Andacht und großer Demut bat er sie auf den Knien, sie möge seine Fürsprecherin bei ihrem glorreichen Sohn sein, auf daß er ihm helfe und ihn in seinem Dienst lenke, damit er sich zu seiner Ehre mühe und von seiner unendlichen Güte Gnade erlange. [...] So verweilte er die ganze Nacht, ohne etwas anderes als diese Bitten und viele weitere Gebete zu sagen.«

vor dem Altar unserer Herrin vom Montserrat zu halten. Er hatte beschlossen, dort seine Kleider zu lassen und sich mit den Waffen Christi zu kleiden. [4] Nachdem er also von diesem Ort aufgebrochen war, dachte er unterwegs nach seiner Gewohnheit an seine Vorsätze.

[5] Und zum Montserrat (70) gekommen, legte er, nachdem er gebetet und es mit dem Beichtvater (71) vereinbart hatte, eine schriftliche Generalbeichte ab; und die Beichte dauerte drei Tage (72). [6] Und er vereinbarte mit dem Beichtvater, daß er das Maultier abholen lasse und daß das Schwert und der Dolch in der Kirche am Altar unserer Herrin hängen sollten. [7] Und dies war der erste Mensch, dem er seinen Entschluß aufdeckte; denn bis dahin hatte er ihn keinem Beichtvater aufgedeckt.

18 Am Vortag unserer Herrin vom März (73), im Jahr 1522, begab er sich am Abend so geheim, wie er konnte, zu einem Armen. Und er legte alle seine Kleider ab und gab sie einem Armen. Und er kleidete

---

(70) Ein aus der Ebene herausragender »sägeartiger Berg«, dessen größte Höhe 1.235 m beträgt; dort noch heute eines der bedeutendsten spanischen Benediktinerklöster mit einer berühmten Marienwallfahrtskirche. Iñigo kam wahrscheinlich am 21. März, dem Fest des hl. Benedikt, dort an.

(71) Beichtvater für die Pilger war der Franzose Jean Chanon (vgl. MI Scripta II, 439–448).

(72) Es handelt sich wohl um drei Tage geistlicher Einkehr, in denen es darum ging, sich auf eine möglichst vollständige Beichte vorzubereiten; diese konnte dann in mehrfachen Gesprächen mit dem Beichtvater geschehen. Vgl. JOSÉ CALVERAS, *Los «confesionales» y los ejercicios de San Ignacio*, in: AHSJ 17 (1948) 51-101.

(73) Am Vortag des Festes Mariä Verkündigung am 25. März.

sich mit seinem ersehnten Gewand und ging, sich vor dem Altar unserer Herrin niederzuknien. [2] Und die einen Male auf diese Weise und andere Male stehend, mit seinem Stock in der Hand, verbrachte er die ganze Nacht.

[3] Und bei Tagesanbruch brach er auf, um nicht erkannt zu werden, und begab sich nicht auf den direkten Weg nach Barcelona, wo er viele gefunden hätte, die ihn erkannt und geehrt hätten, sondern er ging vom Weg ab in ein Dorf, das Manresa (74) heißt. Und dort beschloß er, einige Tage (75) in

---

(74) Manresa war eine kleine Stadt mit etwa 2000 Einwohnern. Sie besaß einen Dom und verschiedene Kirchen und Kapellen, je ein Kloster der Karmeliter, Dominikaner, Zisterzienser und Klarissen sowie verschiedene Einsiedeleien. Es gab drei Spitäler, darunter das der hl. Lucia für mittellose Kranke. Iñigo wurde zunächst in diesem Spital aufgenommen; durch Vermittlung von Agnès Pascual zog er bereits nach fünf Tagen zunächst für elf Tage in das Dominikanerkloster (MI FN III, 85) und dann einige Zeit in das Haus von Juana Serra (MI Scripta II, 85). Im Juli und August 1522 wohnte Iñigo bei Angela Amigant (MI Scripta II, 649). Wir finden ihn auch wieder im Dominikanerkloster (n. 23,3). Im Winter wurde er während einer Krankheit von der Stadt im Haus von Ferrer einquartiert (n. 34,1). Die Kinder in Manresa nannten Iñigo nach seiner Kleidung den »Sackmann [*l'home del sac*]« (MI Scripta II, 712).

(75) Der Aufenthalt sollte mehr als zehn Monate betragen, vom 25. März 1522 bis Februar 1523. Als Gründe für diesen verlängerten Aufenthalt kommen in Betracht: Iñigo fürchtete, mit dem ihm zum Teil bekannten Gefolge des zum Papst (Hadrian VI.) gewählten Kardinals von Utrecht und bisherigen Großinquisitors und Mitregenten von Spanien zusammenzutreffen, der von Barcelona nach Rom zu Schiff reisen würde und dessen Reise sich verzögerte; die

einem Spital zu bleiben [4] und auch einige Dinge in seinem Buch anzumerken, das er sehr behütet bei sich trug und mit dem er sehr getröstet ging.

[5] Und als er schon vom Montserrat eine Wegstunde ging, holte ihn ein Mann ein, der mit großer Eile hinter ihm her kam und ihn fragte, ob er einige Kleider einem Armen gegeben habe, wie der Arme sage. [6] Und indem er »Ja« antwortete, brachen ihm die Tränen aus den Augen hervor, aus Mitleid mit dem Armen, dem er die Kleider gegeben hatte: [7] aus Mitleid, denn er verstand, daß man ihn belästigte, weil man dachte, er habe sie gestohlen.

[8] Doch so sehr er das Ansehen zu meiden suchte, konnte er nicht lange in Manresa bleiben, ohne daß die Leute große Dinge sagten. Diese Auffassung entstand aus der Sache vom Montserrat. [9] Und sogleich wuchs das Gerücht, so daß man mehr sagte, als es war: daß er ein soundso großes Einkommen verlassen habe *usw.*

III. Manresa

19 Und er bat in Manresa jeden Tag um Almosen. Er aß nicht Fleisch, noch trank er Wein, selbst wenn man ihn ihm gab. Die Sonntage fastete er nicht; und wenn man ihm ein wenig Wein gab, trank er ihn. [2] Und weil er sehr sorgsam in der Pflege seines Haars gewesen war, was man in jener Zeit gewohnt war, und er guten Haarwuchs hatte, entschloß er sich, es so seiner Natur nach gehen zu lassen, ohne es zu kämmen noch zu schneiden noch es mit irgend etwas in der Nacht oder am Tag zu bedecken. [3] Und aus demselben Grund ließ

Stadt Barcelona wurde in dieser Zeit wegen Pestgefahr für Reisende geschlossen; Iñigo wurde in Manresa krank.

er die Nägel an den Füßen und Händen wachsen, weil er auch darin sorgsam gewesen war. (76)

[4] Als er in jenem Spital war, geschah es ihm häufig am hellen Tag, ein Ding in der Luft neben sich zu sehen, welches ihm viel Tröstung gab, weil es in hohem Maß sehr schön war. [5] Er konnte nicht gut die Art ausmachen, was es für ein Ding war; doch irgendwie schien ihm, daß es die Gestalt einer Schlange hatte; und es hatte viele Dinge, die wie Augen widerstrahlten, obwohl es keine waren. [6] Er vergnügte sich sehr und hatte Trost, dieses Ding zu sehen. Und je häufiger er es sah, um so mehr wuchs die Tröstung; und wenn ihm jenes Ding entschwand, mißfiel ihm dies (77).

20 Bis zu dieser Zeit hatte er immer in ungefähr demselben inneren Zustand mit einer großen Ausgeglichenheit von Fröhlichkeit verharrt, ohne irgendeine Erkenntnis von inneren geistlichen Dingen zu haben (78).

---

(76) Vgl. n. 29,3; dort bezeichnet Ignatius diese Dinge als »Extreme«.

(77) Vgl. n. 31,2–4; Polanco berichtet: »In dieser selben Zeit pflegte ihm eine Schlange von großem Glanz mit sieben oder acht Augen zu erscheinen, und dies jeden Tag ohne Ausnahme, zwei, drei, fünf, sechs Male; und er hatte Trost bei ihrer Gegenwart und Trostlosigkeit, wenn sie verschwand; und diese Erscheinung dauerte ihm bis zur Zeit, da er in Paris war, und sogar in Rom, obwohl er deren Geheimnis nicht erklärt.« (MI FN I, 160) Im Roman Amadís de Gaula spielen »die große Schlange« und Riesen und Zwerge eine wichtige Rolle.

(78) Die Zeit von etwa elf Monaten, die Iñigo in Manresa verbringt, gliedert sich in drei Perioden: die ersten vier Monate sind voller Frieden und Freude; danach erlebt er Anfechtungen und Skrupel bis hin zur Versuchung zum

2 In diesen Tagen, in denen jene Vision andauerte, oder ein wenig, bevor sie begann – denn sie dauerte viele Tage an –, kam ihm ein heftiger Gedanke, der ihm zusetzte. Er stellte ihm die Schwierigkeit seines Lebens vor Augen, als sagte man ihm innen in seiner Seele: »Und wie wirst du dieses Leben siebzig Jahre aushalten, die du zu leben hast?« 3 Doch ebenfalls innerlich antwortete er ihm darauf mit großer Kraft – da er verspürte, daß es vom Feind war –: »Erbärmlicher! Kannst etwa du mir eine einzige Stunde Leben versprechen?« Und so besiegte er die Versuchung und blieb ruhig. 4 Und dies war die erste Versuchung, die ihm nach dem oben Gesagten kam. 5 Und dies war, als er in eine Kirche eintrat, in welcher er jeden Tag das Hochamt und die Vesper und Komplet hörte, alles gesungen, woran er große Tröstung verspürte. Und gewöhnlich las er bei der Messe die Leidensgeschichte. Und er ging immer in seiner Ausgeglichenheit voran.

21 Doch begann er bald nach der obengenannten Versuchung, große Verschiedenheiten in seiner Seele zu haben. Er fand sich die einen Male so mürrisch, daß er weder Geschmack am Beten noch am Messehören noch an irgendeinem anderen Gebet fand, das er hielt. 2 Und andere Male kam es ihm so sehr im Gegensatz dazu und so plötzlich, daß es schien, die Traurigkeit und Trostlosigkeit sei von ihm genommen, wie wenn einem jemand einen Mantel von den Schultern nimmt. 3 Und hier begann er, sich über diese Verschiedenheiten zu entsetzen, die er niemals zuvor erfahren hatte,

---

Selbstmord, worauf eine dritte Periode voll Trost und tiefer Glaubenserfahrung folgt.

und bei sich zu sagen: »Was ist das für ein neues Leben, das wir jetzt beginnen?«

[4] In dieser Zeit verkehrte er jedoch manchmal mit geistlichen Personen, welche Vertrauen zu ihm hatten und mit ihm zu verkehren wünschten. [5] Denn obwohl er keine Kenntnis von geistlichen Dingen hatte, zeigte er doch in seinem Sprechen viel Eifer und viel Willen, im Dienst Gottes vorwärts zu gehen.

[6] In jener Zeit gab es in Manresa eine sehr betagte Frau, die auch schon sehr lange Dienerin Gottes war (79). Und sie war als solche in vielen Gegenden Spaniens bekannt, so sehr, daß der Katholische König (80) sie einmal gerufen hatte, um einige Dinge mit ihr zu besprechen. [7] Als diese Frau einmal mit dem neuen Soldaten Christi sprach, sagte sie ihm: »O möchte es meinem Herrn Jesus Christus gefallen, daß er euch eines Tages erscheinen wolle!« [8] Doch er entsetzte sich darüber, da er die Sache so grob nahm: »Wie soll denn mir Jesus Christus erscheinen?« [9] Er verharrte immer in seinen gewohnten Beichten und Kommunionen jeden Sonntag (81).

---

(79) Vgl. Lk 2,36. Der Name der Frau ist unbekannt; nach n. 37,4 schien Ignatius, daß sie die einzige war, die »mehr in die geistlichen Dinge eindrang«.

(80) Titel der spanischen Könige seit 1496. Er wurde von Papst Alexander VI. an Isabel de Castilla und Fernando de Aragón für die Vertreibung der Muslime verliehen.

(81) Nach dem an die Frage anschließenden Satz scheint für Ignatius das sachgemäße im Unterschied zum vorgenannten »groben« Verständnis der Erscheinungen darin zu bestehen, auch die Sakramente selbst als Weisen zu erfassen, in denen Jesus Christus in Raum und Zeit zur Erscheinung kommt und wirklich begegnet; dies ist der Gegenstand seiner Christuserfahrung in n. 29,5: »... war doch das, was er mit dem Verstand deutlich sah, daß er

22 Doch darin begann er, viele Mühen mit Skrupeln zu haben. [2] Denn obwohl die Generalbeichte, die er auf dem Montserrat abgelegt hatte, mit ziemlicher Sorgfalt gewesen war und ganz, wie gesagt, schriftlich, [3] schien ihm doch zuweilen, daß er einige Dinge nicht gebeichtet hatte. Und dies machte ihm viel Kummer. Denn obwohl er es beichtete, blieb er nicht zufriedengestellt. [4] Und so begann er, einige geistliche Menschen zu suchen, die ihm von diesen Skrupeln abhelfen könnten. Aber nichts half ihm (82). [5] Und am Schluß sagte ihm ein Doktor vom Dom, ein sehr geistlicher Mann, der dort predigte, eines Tages in der Beichte, daß er alles aufschreiben solle, woran er sich erinnern könne. [6] Er tat es so. Und nachdem er gebeichtet hatte, kehrten ihm doch die Skrupel wieder, wobei sich die Dinge jedesmal verfeinerten, so daß er sich sehr bedrängt fand. [7] Und obwohl er fast erkannte, daß jene Skrupel ihm viel Schaden bewirkten, so daß es gut wäre, sich von ihnen zu lösen, konnte er es doch bei sich nicht fertigbringen. [8] Er dachte manchmal, daß es ihm Abhilfe wäre, wenn ihm sein Beichtvater im Namen Jesu Christi geböte, keines der vergangenen Dinge zu beichten. Und so verlangte er danach, daß der Beichtvater es ihm gebiete. Doch

---

sah, wie in jenem heiligsten Sakrament Jesus Christus unser Herr war«. Vgl. bereits Leo der Große, 2. Predigt über die Himmelfahrt: »Was also an unserem Erlöser sichtbar war, ist übergegangen in die Sakramente.« (PL 54, 398A)

(82) Dazu, daß niemand Iñigo in seinen Anfechtungen helfen konnte, vgl. auch n. 37,3. Der ignatianische Ausdruck »den Seelen helfen« als Existenzgrund der Gesellschaft Jesu ist auch auf diesem Hintergrund zu verstehen.

hatte er nicht die Kühnheit, um es dem Beichtvater zu sagen (83).

23 Doch ohne daß er es ihm sagte, gebot ihm der Beichtvater schließlich, er solle nichts von den vergangenen Dingen beichten, wenn es nicht eine so deutliche Sache wäre. [2] Doch da er alle jene Dinge für sehr deutlich hielt, nützte dieses Gebot nichts; und so verblieb er immer mit der Mühe.

[3] Zu dieser Zeit wohnte der Genannte in einer kleinen Zelle, die ihm die Dominikaner in ihrem Kloster gegeben hatten. Und er verharrte in seinen sieben Stunden Gebet auf den Knien, wobei er ständig um Mitternacht aufstand (84), und in allen weiteren schon genannten Übungen. [4] Aber in ihnen allen fand er keine Abhilfe für seine Skrupel, nachdem schon viele Monate vergangen waren, daß sie ihn peinigten. [5] Und einmal begab er sich, weil er sehr von ihnen bedrängt war, in das Gebet, und mit dessen Glut begann er, mit lauten Worten zu Gott zu schreien und zu sagen: [6] »Komm mir zu Hilfe, Herr, denn ich finde keine Abhilfe bei den Menschen und bei keinem Geschöpf. [7] Denn wenn ich dächte, sie finden zu können, wäre mir keine Mühe zu groß. Zeige mir du, Herr, wo ich sie finden soll; denn auch wenn es nötig wäre, hinter einem Hündlein herzulaufen, damit es mir die Abhilfe gäbe (85): Ich werde es tun!«

---

(83) Er befürchtete vermutlich, daß dann eine entsprechende Aufforderung durch den Beichtvater auf seine, Iñigos, eigene Initiative und nicht auf das Wort Christi zurückzuführen wäre.

(84) In der lateinischen Übersetzung steht zusätzlich: »und auch die Geißelungen, die er sich mit großer Strenge dreimal an jedem Tag auferlegte, nicht aussetzte« (MI FN I, 395).

(85) Für Ignatius ist die Voraussetzung für sein späteres

24 Als er in diesen Gedanken war, kamen ihm oft Versuchungen mit großem Ansturm, sich durch ein großes Loch zu stürzen, das diese seine Zelle hatte; und es war neben der Stelle, wo er das Gebet hielt. [2] Doch da er erkannte, daß es Sünde war, sich zu töten, schrie er wiederum: »Herr, ich werde nichts tun, was dir entgegen ist!« Und er wiederholte diese Worte so wie die früheren viele Male.

[3] Und so kam ihm die Geschichte von einem Heiligen in den Sinn, welcher, um von Gott eine Sache zu erlangen, die er sehr ersehnte, viele Tage ohne Essen blieb, bis er sie erlangte (86). [4] Und indem er darüber

---

Glaubensverständnis die hier geschilderte Anfechtung durch die Erfahrung und Einsicht, daß keine noch so große geschöpfliche Qualität jemals ausreichen kann, Gemeinschaft mit Gott zu begründen. Er erwartet Gemeinschaft mit Gott nicht mehr von großartigen Erlebnissen.

(86) In dem Buch vom Leben der Heiligen, das Iñigo in Manresa gelesen hatte, heißt es über den Apostel Andreas: »Ein weiteres Wunder wirkte Gott durch den heiligen Andreas. Ein alter Mann, der den Namen Nikolaus trug, ging zu dem Apostel und sagte ihm: Seit sechzig Jahren lebe ich ein schlechtes Leben in der Sünde der Wollust. [...] Ich bitte dich, Gott um mein Heil zu bitten. Und als Nikolaus dies gesagt hatte, begann er zu weinen und beweinte seine Sünde von der dritten bis zur neunten Stunde. Und der heilige Andreas bat Gott für ihn. Und als er sich vom Gebet erhoben, wollte er nicht essen; und er sagte, er würde nicht essen, bis er wüßte, ob Gott diesem alten Nikolaus vergeben habe. Und danach sandte unser Herr Jesus Christus ihm durch den Engel zu sagen, daß er aufgrund seines Gebets Nikolaus vergeben habe.« (Vgl. MI FN I, 397f) Nach 2 Kor 5,17–21 besteht die christliche Botschaft in der Verkündigung davon, daß Gott die Welt mit sich versöhnt hat; er läßt durch seine Boten darum bitten, diese Versöhnung anzunehmen.

eine gute Weile nachdachte, entschloß er sich am Schluß, es zu tun. Er sagte bei sich selbst, daß er weder essen noch trinken würde, bis Gott für ihn gesorgt hätte oder der Tod bereits ganz nahe zu sehen wäre. [5] Denn für den Fall, daß es ihm geschehen sollte, sich *in den letzten Zügen* zu sehen, so daß er, wenn er nicht äße, alsbald sterben müßte, beschloß er, Brot zu erbitten und es zu essen - *als ob tatsächlich* er es in jener letzten Stunde hätte erbitten oder essen können (87).

25 Dies geschah an einem Sonntag, nachdem er die Kommunion empfangen hatte. Und die ganze Woche verharrte er, ohne irgend etwas in den Mund zu stekken. Dabei unterließ er nicht, die gewohnten Übungen zu machen, *auch* zu den Gottesdiensten zu gehen und kniend sein Gebet zu halten, *auch* um Mitternacht, *usw.*

[2] Doch als der andere Sonntag gekommen war, an dem es nötig war beichten zu gehen, sagte er zu seinem Beichtvater auch - da er ihm sehr im einzelnen zu sagen pflegte, was er tat -, wie er in dieser Woche nichts gegessen habe. [3] Der Beichtvater gebot ihm, diese Enthaltung abzubrechen. Und obwohl er sich bei Kräften fand, gehorchte er doch dem Beichtvater. Und er fand sich an diesem und dem Tag darauf frei von den Skrupeln. [4] Doch am dritten Tag, der der Dienstag war, begann er, als er im Gebet war, sich an die Sünden zu erinnern. [5] Und so wie eine Sache, die sich an einem Faden aufreiht, mußte er an eine Sünde nach der anderen aus der vergangenen Zeit denken; und

---

(87) Eine kritische Beurteilung durch Ignatius selbst; vgl. den wiederholten Hinweis, daß er noch blind und ohne geistliches Verstehen war (nn. 7,4; 9,2; 14,1; 20,1; 21,5).

ihm schien, daß er verpflichtet sei, sie noch einmal zu beichten. [6] Doch am Schluß dieser Gedanken kam ihm ein Widerwille gegen das Leben, das er führte, mit einigem Ansturm, es zu lassen. Und damit wollte der Herr, daß er wie aus einem Traum aufwachte. [7] Und da er bereits einige Erfahrung der Verschiedenheit der Geister (88) durch die Lektionen hatte, die Gott ihm gegeben hatte, begann er, auf die Mittel zu schauen, durch die jener Geist gekommen war. Und so entschloß er sich mit großer Klarheit, keine Sache von den vergangenen mehr zu beichten. [8] Und so blieb er von jenem Tag an frei von jenen Skrupeln. Er hielt es für gewiß, daß Gott unser Herr ihn um seiner Barmherzigkeit willen hatte befreien wollen (89).

26 Über seine sieben Stunden Gebet hinaus befaßte er sich damit, einigen Seelen, die ihn dort suchen kamen, in geistlichen Dingen zu helfen. Und alles übrige des Tages, das ihm freiblieb, widmete er dem Nachdenken über Dinge Gottes, von dem, worüber er an jenem Tag meditiert oder was er gelesen hatte. [2] Doch wenn er zu Bett ging, kamen ihm oft große Erkenntnisse, große geistliche Tröstungen, so daß sie ihn viel von der Zeit verlieren ließen, die er zum Schlafen festgesetzt hatte; und das war nicht viel. [3] Und indem er einige Male darauf schaute, dachte er schließlich bei sich, daß er so viel Zeit bestimmt habe, um mit Gott zu verkehren, und danach den ganzen Rest des Tages. [4] Und von hier aus begann er zu zweifeln, ob jene

---

(88) Vgl. GÜ 332–334.

(89) Aus diesen Erfahrungen sind in den Geistlichen Übungen die Bemerkungen »Um Skrupel und Überredungskünste unseres Feindes zu verspüren und zu verstehen« (nn. 345–351) hervorgegangen.

Erkenntnisse von gutem Geist kamen (90). Und er kam zu dem Schluß, daß es besser sei, sie zu lassen und die festgesetzte Zeit zu schlafen. Und so tat er es.

27 Und er verharrte bei der Enthaltung, kein Fleisch zu essen. Und er war darin fest, so daß er auf keine Weise dachte, sich zu ändern. Eines Tages stellte sich am Morgen, als er aufgestanden war, vor ihm Fleisch zum Essen dar, als sähe er es mit den leiblichen Augen (91), ohne daß irgendein Verlangen danach vorausgegangen wäre (92). [2] Und es kam ihm auch gleichzeitig eine große Zustimmung des Willens, daß er es von da an essen sollte. Und obwohl er sich an seinen Vorsatz von früher erinnerte, konnte er nicht daran zweifeln, sondern sich nur entschließen, daß er Fleisch essen müsse. [3] Und als er es danach seinem Beichtvater erzählte, sagte ihm der Beichtvater, er solle schauen, ob es vielleicht Versuchung sei. Er jedoch konnte, so gut er es erforschte, niemals daran zweifeln (93).

---

(90) Vgl. GÜ 334.

(91) Vgl. Apg 10,10–16.

(92) Vgl. in GÜ 330 die Beschreibung der »Tröstung ohne Ursache«: »Allein Gott unser Herr vermag der Seele Tröstung zu geben ohne vorhergehende Ursache. Denn es ist dem Schöpfer eigen, einzutreten, hinauszugehen, Regung in ihr zu bewirken, indem er sie ganz zur Liebe zu seiner göttlichen Majestät hinzieht. Ich sage ›ohne Ursache‹: ohne jedes vorherige Verspüren oder Erkennen irgendeines Gegenstandes, durch den diese Tröstung käme mittels der eigenen Akte von Verstand und Willen.«

(93) Vgl. in GÜ 175 die »erste Wahlzeit«: »Die erste Zeit ist: Wann Gott unser Herr den Willen so bewegt und anzieht, daß diese fromme Seele dem Gezeigten folgt, ohne zu zweifeln noch zweifeln zu können; so wie es der heilige Paulus und der heilige Matthäus getan haben, als sie

[4] In dieser Zeit behandelte Gott ihn auf die gleiche Weise, wie ein Schullehrer ein Kind behandelt, wenn er es unterweist (94). Und sei es, daß dies wegen seiner Ungebildetheit und seines groben Verstandes war oder weil er niemanden hatte, der ihn unterwiesen hätte, oder wegen des festen Willens, den ihm Gott selbst gegeben hatte, ihm zu dienen (95): [5] Er urteilte deutlich und hat immer geurteilt, daß Gott ihn auf diese Weise behandelte; ja, wenn er daran zweifelte, würde er meinen, gegen seine göttliche Majestät zu sündigen. Und etwas davon kann man an den folgenden fünf Punkten sehen.

28 Erstens: Er hatte viel Andacht zur heiligsten Dreifaltigkeit, und so betete er jeden Tag unterschieden zu den drei Personen. [2] Und da er auch zur heiligsten

---

Christus unserem Herrn nachfolgten.« Von daher liegt es nahe, die »Tröstung ohne Ursache« mit dem Geschehen in der »ersten Wahlzeit« zu identifizieren. Die Unmöglichkeit zu zweifeln bedeutet, daß der Zweifel als willkürlich erfahren wird und sich nicht verantworten läßt (vgl. im folgenden die Formulierung: »... wenn er daran zweifelte, würde er meinen, seine göttliche Majestät zu beleidigen«).

(94) Laínez berichtet, daß Ignatius in seinen späteren Studien die Zeit in Manresa als seine »Urkirche« bezeichnete (MI FN I, 140).

(95) In der lateinischen Übersetzung heißt es ausführlicher: »wegen des festen Willens, Gott zu dienen, den Gott selbst ihm eingegeben hatte - welcher allerdings nicht ohne umfassenderes Licht bestehen konnte -, um im göttlichen Dienst voranzuschreiten; deutlich jedoch urteilte er und hat immer so geurteilt, daß Gott so um eines besseren Ziels willen mit ihm gehandelt hat. [...] Eine gewisse Bestätigung des Gesagten kann aus den fünf Kapiteln entnommen werden, die wir anschließen werden.« (MI FN I, 401)

Dreifaltigkeit betete, kam ihm ein Gedanke, wieso er vier Gebete zur Dreifaltigkeit hielt. Doch dieser Gedanke machte ihm wenig oder keine Mühe, als eine Sache von wenig Bedeutung (96).

[3] Und als er an einem Tag auf den Stufen desselben Klosters die Tagzeiten unserer Herrin betete, begann sich ihm der Verstand zu erheben, als sähe er die heiligste Dreifaltigkeit in Gestalt von drei Tasten, und dies mit so vielen Tränen und so vielem Schluchzen, daß er nicht dagegen ankam. [4] Und während er an jenem Morgen in einer Prozession ging, die von dort ausging, konnte er bis zum Essen nie die Tränen (97)

---

(96) In GT 63,4 bezeichnet Ignatius dieses Problem im Unterschied zu einer Sache von »wenig Bedeutung« als einen »Knoten oder etwas Ähnliches«. Das Problem, wie sich das Gebet zu Gott überhaupt zum Gebet zu den einzelnen göttlichen Personen verhält, löst sich dadurch für ihn auf, daß er sich im Gebet zu jeder der göttlichen Personen mit allen drei Personen verbunden weiß. An Jesus Christus glauben bedeutet ja, sich vom Vater mit ihm und um seinetwillen mit einer Liebe geliebt zu wissen, die an nichts Geschaffenem ihr Maß hat, sondern als die ewige Liebe des Vaters zum Sohn der Heilige Geist ist. In der Verkündigung der Dreifaltigkeit Gottes geht es darum, auszusagen, daß die einzige Weise, wie Menschen mit Gott Gemeinschaft haben können, darin besteht, in die Liebe Gottes zu Gott, des Vaters zum Sohn, aufgenommen zu sein. Denn keine geschöpfliche Qualität könnte jemals ausreichen, Gemeinschaft mit Gott zu begründen.

(97) Im Geistlichen Tagebuch von Ignatius sind Tränen das am häufigsten genannte Phänomen; er fürchtet sogar um sein Augenlicht (21. Oktober 1544). Vgl. GÜ 316,1-3: »Ich nenne es ›Tröstung‹, wann in der Seele irgendeine innere Regung verursacht wird, mit welcher die Seele dazu gelangt, in Liebe zu ihrem Schöpfer und Herrn zu entbrennen; und *weiterhin*, wann sie kein geschaffenes Ding auf

zurückhalten. Auch nach dem Essen konnte er nicht davon ablassen, nur von der heiligsten Dreifaltigkeit (98) zu reden; [5] und dies mit vielen und sehr verschiedenen Vergleichen und mit viel Freude und Tröstung, so daß ihm sein ganzes Leben lang diese Einprägung geblieben ist, große Andacht zu verspüren, wenn er zur heiligsten Dreifaltigkeit betete.

29 Zweitens: Einmal stellte sich ihm im Verstand mit großer geistlicher Fröhlichkeit die Weise dar, in der Gott die Welt geschaffen hatte: Es schien ihm, er sehe etwas Weißes, woraus einige Strahlen hervorgingen, und daß Gott daraus Licht machte. [2] Doch diese Dinge wußte er weder zu erklären, noch erinnerte er sich ganz gut an jene geistlichen Erkenntnisse, die Gott ihm in jener Zeit in die Seele einprägte (99).

---

dem Angesicht der Erde in sich lieben kann, sondern nur im Schöpfer von ihnen allen. Ebenso, wann sie Tränen vergießt, die zu Liebe zu ihrem Herrn bewegen, sei es aus Schmerz über ihre Sünden oder über das Leiden Christi unseres Herrn oder über andere Dinge, die geradeaus auf seinen Dienst und Lobpreis hingeordnet sind.«

(98) Diego Laínez berichtet in seinem Brief an Juan de Polanco über Ignatius vom 16. Juni 1547: »Im Laufe eines Jahres, das er in Manresa war, hatte er so viel Licht vom Herrn, daß er in fast allen Geheimnissen des Glaubens vom Herrn besonders erleuchtet und getröstet wurde, und in einzigartiger Weise im Geheimnis der Dreifaltigkeit, über die sein Geist solche Freude erfuhr, daß er, obwohl er ein einfacher Mensch war und lesen und schreiben nur auf spanisch konnte, sich daran begab, ein Buch über sie zu schreiben.« (MI FN I, 82)

(99) Diese Aussage bezieht sich auf den Zeitpunkt, zu dem Ignatius seine vergangenen Erfahrungen erzählt, im Unterschied zum Zeitpunkt der Erfahrungen selbst.

[3] Drittens: Im gleichen Manresa, wo er fast ein Jahr war, ließ er, nachdem er von Gott getröstet zu werden begonnen hatte und die Frucht sah, die er in den Seelen durch den Verkehr mit ihnen bewirkte, von jenen Extremen ab, die er zuvor einhielt (100). Er schnitt sich bereits die Nägel und Haare.

[4] Als er so an einem Tag in diesem Dorf in der Kirche des genannten Klosters war und die Messe hörte und dabei der Leib des Herrn erhoben wurde, sah er mit den inneren Augen so etwas wie weiße Strahlen, die von oben kamen. [5] Und obwohl er dies nach so langer Zeit nicht gut erklären kann, war doch das, was er mit dem Verstand deutlich sah, daß er sah, wie in jenem heiligsten Sakrament Jesus Christus unser Herr war (101).

[6] Viertens: Viele Male und über lange Zeit sah er, wenn er im Gebet war, mit den inneren Augen die Menschheit Christi und die Gestalt, die – schien ihm – wie ein weißer Leib war, nicht sehr groß und nicht sehr klein; doch sah er keine Unterscheidung von Gliedern. [7] Dies sah er in Manresa viele Male: Wenn er sagte, zwanzig oder vierzig, so würde er nicht zu urteilen wagen, daß es Lüge sei. Ein anderes Mal sah er es, als er in Jerusalem war, und ein anderes Mal unterwegs bei Padua (102). [8] Unsere Herrin sah er auch in ähnlicher Gestalt, ohne die Teile zu unterscheiden.

[9] Diese Dinge, die er sah, bestätigten ihn damals. Und sie gaben ihm immer solche Bestätigung für den Glauben, daß er oft bei sich dachte: Wenn es keine

(100) Vgl. n. 19,1–3.

(101) Vgl. n. 21,7–8.

(102) Vgl. nn. 41,4; 44,2; 48,3; 96,4; 99,7.

Schrift gäbe, die uns in diesen Dingen des Glaubens unterwiese, würde er sich entschließen, für sie zu sterben, nur um dessentwillen, was er gesehen hat (103).

30 Fünftens: Einmal ging er aus seiner Andacht zu einer Kirche, die wenig mehr als eine Meile von Manresa lag - ich glaube, sie heißt St. Paul -, und der Weg geht den Fluß entlang. Und während er so in seinen Andachten ging, setzte er sich ein wenig mit dem Gesicht zum Fluß, der in der Tiefe ging. [2] Und als er so dasaß, begannen sich ihm die Augen des Verstandes zu öffnen. Und nicht, daß er irgendeine Vision gesehen hätte, sondern er verstand und erkannte viele Dinge, ebensosehr von geistlichen Dingen wie von Dingen des Glaubens und der Wissenschaft. Und dies mit einer so großen Erleuchtung, daß ihm alle Dinge neu erschienen (104). [3] Und es lassen sich nicht die Einzelheiten erläutern, die er damals verstand, obwohl es viele waren; sondern er empfing eine große Klarheit im Verstand, [4] so daß ihm in der ganzen Folge seines Lebens bis über zweiundsechzig Jahre (105) hinaus scheint: Wenn er alle Hilfen zusammenzähle, wie er sie von Gott erhalten habe, und

---

(103) Sosehr die Weitergabe des Glaubens auf die Heilige Schrift als das ursprüngliche Zeugnis des Glaubens angewiesen bleibt, besteht doch die Überzeugungsmacht gegenwärtiger Glaubensverkündigung darin, daß sie selbst das Geschehen der Selbstmitteilung Gottes ist und nur so verstanden werden kann. So ist der Sinn der Schrift die Kirche selbst als das fortdauernde Geschehen der Weitergabe des Wortes Gottes.

(104) Vgl. 2 Kor 5,17.

(105) Vgl. Fußn. 25 und bereits im Vorwort von Luís Gonçalves da Câmara Fußn. 14.

alle Dinge, die er erkannt habe, selbst wenn er sie alle in eins zusammenbringe, habe er nicht so viel erlangt wie mit jenem Mal allein (106).

Und dies bedeutete, in so großem Maß mit erleuchtetem Verstand

(106) Es scheint sich um eine Glaubenserfahrung zu handeln, in der die vielen einzelnen Glaubensaussagen als die Entfaltung ein und desselben unüberbietbaren Grundgeheimnisses unserer Gemeinschaft mit Gott erfaßt werden, so daß der Inhalt des Glaubens den Glauben selbst als das Erfülltsein vom Heiligen Geist verstehen läßt. Damit ist jedes »Zusammenzählen« überboten. Dennoch wird Ignatius am Schluß seines Berichtes sagen können, daß er immer noch in der Leichtigkeit, Gott zu finden, wachse, »und dies jetzt mehr als in seinem ganzen Leben« (n. 99,6). – Die im Text genannten fünf Punkte bilden miteinander eine innere Einheit. Grunddogma des Glaubens ist: Unsere Gemeinschaft mit Gott besteht darin, daß wir in die Liebe des Vaters zum Sohn aufgenommen sind, die der Heilige Geist ist (Dreifaltigkeit Gottes). So haben wir Gemeinschaft mit dem, der in allem mächtig ist (Gott als Schöpfer der Welt); nur weil Gott der in allem Mächtige ist, kann die Gemeinschaft mit ihm den Menschen aus der Macht der Angst um sich selber befreien und ihn liebevoll gegenüber anderen Menschen machen (Liebe als Frucht des Glaubens). Weil Gottes Liebe zur Welt nicht ihr Maß an der Welt hat und deshalb auch nicht an ihr ablesbar ist, kann sie allein durch das Wort Gottes offenbar werden; Wort Gottes ist letztlich erst dadurch ermöglicht, daß Gott selbst als Mensch begegnet (Menschwerdung des Sohnes). Der Glaube ist so ein neues Selbstverständnis des Menschen (Gnade als das Erfülltsein vom Heiligen Geist). Alle christliche Mystik ist auf die Grunddogmen der Dreifaltigkeit Gottes, der Menschwerdung des Sohnes und der Sendung des Heiligen Geistes in die Herzen der Glaubenden bezogen. Vgl. KARL VLADIMIR TRUHLAR, Christuserfahrung, Rom 1964.

zu bleiben, daß ihm schien, als sei er ein anderer Mensch und habe eine andere Erkenntnisfähigkeit, als er zuvor hatte.

31 Und nachdem dies eine gute Weile gedauert hatte, ging er, sich vor einem Kreuz, das dort in der Nähe war, niederzuknien, um Gott Dank zu sagen. [2] Und dort erschien ihm jene Vision, die ihm viele Male erschienen war, und er hatte sie niemals erkannt: nämlich jenes Ding, das oben genannt wurde (107), das ihm sehr schön schien, mit vielen Augen. [3] Doch sah er gut, als er vor dem Kreuz war (108), daß jenes so schöne Ding nicht Farbe wie gewöhnlich hatte. Und er hatte eine sehr deutliche Erkenntnis, mit großer Zustimmung des Willens, daß dies der Teufel war. [4] Und so pflegte es ihm danach viele Male über lange Zeit zu erscheinen, und er verscheuchte es in der Weise der Geringschätzung mit einem Stock, den er in der Hand zu tragen pflegte.

32 Als er einmal in Manresa krank war, geriet er durch ein sehr heftiges Fieber in Todesgefahr, daß er deutlich urteilte, die Seele werde ihn alsbald verlassen. [2] Und dabei kam ihm ein Gedanke, der ihm sagte, daß er gerecht sei. Und damit bekam er so viel Mühe, daß er nichts anderes tat, als ihn zu bekämpfen und seine Sünden vor sich zu stellen. [3] Und mit diesem Gedanken hatte er mehr Mühe als mit dem Fieber selbst. Doch konnte er diesen Gedanken nicht besiegen, sosehr er sich auch mühte, ihn zu besiegen. [4] Doch

---

(107) Vgl. n. 19,4–6.

(108) Die Vereinbarkeit mit dem Kreuz Jesu erweist sich für Ignatius als das letzte Kriterium der Unterscheidung der Geister.

bereits ein wenig vom Fieber erleichtert, war er nicht mehr in jener äußersten Gefahr zu sterben und begann, einigen Frauen, die dorthin gekommen waren, um ihn zu besuchen, laut zuzurufen: [5] Um der Liebe Gottes willen sollten sie ihm, wenn sie ihn noch einmal in Todesgefahr sähen, mit lauter Stimme zurufen und ihn Sünder nennen, und er solle sich an die Sünden erinnern, die er gegen Gott getan habe.

33 Ein anderes Mal – er fuhr von Valencia nach Italien auf dem Meer bei einem großen Sturm (109) – zerbrach dem Schiff das Steuerruder. Und die Sache kam so weit, daß man nach seinem Urteil und dem vieler, die in dem Schiff reisten, natürlicherweise dem Tod nicht entgehen konnte. [2] Als er sich in dieser Zeit gut erforschte und sich darauf vorbereitete zu sterben, konnte er keine Furcht wegen seiner Sünden haben noch davor, verdammt zu werden. [3] Doch hatte er große Verwirrung und Schmerz, weil er urteilte, daß er die Gaben und Gnaden nicht gut verwandt habe, die Gott unser Herr ihm mitgeteilt hatte.

[4] Ein anderes Mal ging es ihm im Jahr 1550 sehr schlecht durch eine sehr heftige Krankheit, die nach seinem und sogar vieler Urteil für die letzte gehalten wurde. [5] Als er in dieser Zeit an den Tod dachte, hatte er eine so große Fröhlichkeit und eine so große geistliche Tröstung darüber, sterben zu müssen, daß er ganz in Tränen zerfloß. [6] Und dies wurde so beständig, daß er oft aufhörte, an den Tod zu denken, um nicht so viel von jener Tröstung zu haben.

34 Als der Winter kam, erkrankte er an einer sehr heftigen Krankheit, und um ihn zu pflegen, gab ihn die Stadt in ein Haus des Vaters eines Ferrera, der

(109) Im Jahr 1535; vgl. n. 91,1.

später Diener von Baltasar de Faria (110) war. [2] Und dort wurde er mit vieler Sorgfalt gepflegt. Und wegen der Verehrung, die ihm gegenüber bereits viele vornehme Frauen (111) hatten, kamen sie, ihm Nachtwache zu halten. [3] Und als er sich von dieser Krankheit erholte, blieb er doch sehr geschwächt und mit häufigen Magenschmerzen. [4] Und so, aus diesen Gründen wie auch weil der Winter sehr kalt war, veranlaßten sie ihn, sich zu kleiden und Schuhe zu tragen und den Kopf zu bedecken; und so veranlaßten sie ihn, zwei braune Röcke aus sehr grobem Stoff anzunehmen und eine Kappe aus demselben, wie eine Halbmütze. [5] Und zu dieser Zeit war es schon viele Tage her, daß er sehr begierig war, über geistliche Dinge zu sprechen und Personen zu finden, die sie erfassen konnten. [6] Es kam die Zeit heran, die er für den Aufbruch nach Jerusalem gedacht hatte.

35 Und so brach er zu Beginn des Jahres 1523 nach Barcelona auf, um auf ein Schiff zu gehen (112). [2] Und obwohl sich ihm einige Gesellschaften anboten, wollte er nur allein gehen; denn seine ganze Sache war, Gott allein als Zuflucht zu haben. [3] Und so sagte er eines Tages, als einige ihn, weil er weder Italienisch noch Latein konnte, sehr bedrängten, er solle

---

(110) Baltasar de Faria war von 1543 bis 1551 Geschäftsträger des portugiesischen Königs in Rom.

(111) Zu ihnen gehörten außer Agnès Pascual auch Angela Amigant, Miquela Canyelles, Agnès Clavera, Brianda de Paguera (MI Scripta II, 356). Sie wurden wegen ihrer Verbundenheit mit Iñigo »*les Yñigues*« genannt (MI Scripta II, 369).

(112) Für die Pilgerfahrt nach Jerusalem mußte man eine päpstliche Erlaubnis einholen; die Türken gestatteten Venedig nur einmal im Jahr, eine Pilgerfahrt durchzuführen.

eine Gesellschaft annehmen, und ihm sagten, wie sehr sie ihm helfen würde, und sie sehr lobten: [4] Auch wenn es ein Sohn oder Bruder des Herzogs von Cardona (113) wäre, würde er nicht in seiner Gesellschaft gehen. Denn er wünsche drei Tugenden zu haben: Liebe und Glaube und Hoffnung. [5] Und wenn er einen Gefährten hätte, würde er, wenn er Hunger hätte, von ihm Hilfe erhoffen; und wenn er fiele, daß er ihm aufzustehen helfe; und so würde er auch auf ihn vertrauen und aus diesen Gründen Zuneigung zu ihm haben; und daß er dieses Vertrauen und diese Zuneigung und Hoffnung allein auf Gott richten wolle. [6] Und was er in dieser Weise sagte, verspürte er so in seinem Herzen (114). [7] Und mit diesen Gedanken hatte er den Wunsch, sich nicht nur allein, sondern auch ohne jeden Proviant einzuschiffen. [8] Und als er begann, über die Einschiffung zu verhandeln, erreichte

---

(113) Die Familie Cardona gehörte zum höchsten Adel Kataloniens. Eine Schwester des Herzogs war mit Antonio Manrique de Lara verheiratet, dem Ignatius gedient hatte (vgl. Fußn. 25).

(114) In Sa 624,7-15 [VII] hat Ignatius im Gegensatz dazu für Aussendungen angeordnet: Es »sollten wohl, soweit es möglich wäre, nicht einer allein, sondern wenigstens zwei gehen, sowohl damit sie sich untereinander in den geistlichen und leiblichen Dingen mehr helfen, wie damit sie für diejenigen, zu denen sie gesandt werden, gewinnbringender sind, indem sie untereinander die Mühen im Dienst der Nächsten aufteilen.« Das Obige wird offenbar zu dem Ziel berichtet, daß man aus Irrtümern lernt. Es ist kein sicheres Kriterium, die Dinge so oder so »in seinem Herzen zu verspüren«. Ignatius beschreibt, wie sein damaliges Verständnis von Vertrauen auf Gott allein sich in der Wirklichkeit als nicht einmal konsequent durchführbar erwiesen hat.

er von dem Schiffsherrn, daß er ihn kostenlos mitnehme, weil er ja kein Geld habe, aber unter der Bedingung, daß er zu seinem Unterhalt in das Schiff etwas Zwieback mitbringe, und sonst würde man ihn auf keine Weise der Welt aufnehmen.

36 Als er sich diesen Zwieback besorgen wollte, kamen ihm große Skrupel. »Dies ist die Hoffnung und der Glaube, die du auf Gott gerichtet hast, daß er dir nicht fehlen werde?« *usw.* [2] Und dies mit solcher Wirksamkeit, daß es ihm große Mühe machte. [3] Und da er nicht wußte, was mit sich tun, weil er auf beiden Seiten wahrscheinliche Gründe sah, entschied er sich am Schluß, sich in die Hände seines Beichtvaters zu geben; [4] und so erklärte er ihm, wie sehr er wünsche, der Vollkommenheit zu folgen und dem, was mehr Ehre Gottes wäre, und die Gründe, die ihn veranlaßten, zu zweifeln, ob er Unterhalt mitnehmen solle. [5] Der Beichtvater kam zu der Auffassung, er solle das Notwendige erbitten und mit sich nehmen. [6] Und als er eine Frau darum bat, fragte sie ihn, wohin er sich einschiffen wolle. Er war ein wenig im Zweifel, ob er es ihr sagen solle; und zum Schluß wagte er nicht, ihr mehr zu sagen (115), als daß er nach Italien und Rom reise. [7] Und wie entsetzt sagte sie: »Nach Rom wollt ihr gehen? Also die dorthin gehen, – ich weiß nicht, wie sie wiederkommen.« Sie wollte sagen, daß sie in Rom wenig in Dingen des Geistes vorankommen (116). [8] Und der Grund, weshalb er

(115) Vgl. n. *5,4, wo diese Ängstlichkeit auf eine Furcht vor eitler Ruhmsucht zurückgeführt wird; diese Furcht kann jedoch auch die normale Kommunikation behindern.

(116) Die lateinische Übersetzung scheint den Grund dafür in die Geisteshaltung der Romfahrer selbst zu verlegen: »Die Frau meinte mit diesen Worten, daß sie nur wenig besser

nicht zu sagen wagte, daß er nach Jerusalem fahre, war: aus Furcht vor dem eitlem Ruhm. Diese Furcht bedrängte ihn so sehr, daß er nie zu sagen wagte, aus welchem Gebiet und aus welchem Haus er war.

[9] Am Schluß, nachdem er den Zwieback erlangt hatte, schiffte er sich ein. Aber da er sich am Strand noch mit fünf oder sechs Weißpfennigen (117) von denen fand, die man ihm beim Betteln an den Türen gegeben hatte – denn auf diese Weise pflegte er zu leben –, ließ er sie auf einer Bank am Strand liegen (118).

37 Und er schiffte sich ein, nachdem er wenig mehr als zwanzig Tage in Barcelona gewesen war. [2] Als er, bevor er auf das Schiff ging, noch in Barcelona war, suchte er nach seiner Gewohnheit alle geistlichen Personen auf, selbst wenn sie in Einsiedeleien fern von der Stadt waren, um mit ihnen zu reden. [3] Aber weder in Barcelona noch in Manresa konnte er während der ganzen Zeit, die er dort war, Personen finden, die ihm so viel hätten helfen können, wie er wünschte. [4] Nur jene Frau in Manresa, von der oben gesagt wurde, daß sie ihm gesagt habe, sie bitte Gott, daß ihm Jesus Christus erscheine: von ihr allein schien ihm, daß sie

---

zurückkehren, weil sie ja gewöhnlich nicht um der Frömmigkeit und Andacht willen dorthin reisen.« (MI FN I, 411)

(117) *Blancas*, die geringste damalige spanische Münze.

(118) Es handelt sich um eine Art Almosen ohne Adressaten, das vielleicht nur dazu dient, das eigene Gewissen zu beruhigen. In Sa 53f [Examen] empfiehlt Ignatius, beim Eintritt in die Gesellschaft aufzugebenden Besitz gezielt erstens zur Begleichung eventueller Verpflichtungen und Schulden und zweitens für »fromme und heilige Dinge« wie die Verteilung an Arme zu verwenden.

mehr in die geistlichen Dinge eindrang. [5] Und so verlor er nach seiner Abfahrt aus Barcelona gänzlich dieses Verlangen, geistliche Personen zu suchen.

IV. Pilgerfahrt nach Jerusalem

38 Sie hatten so heftigen Rückenwind, daß sie von Barcelona in fünf Tagen samt ihren Nächten nach Gaeta kamen, wenn auch mit großer Furcht aller wegen des starken Sturms. [2] Und in jenem ganzen Gebiet hatte man Pestangst. Aber sobald er vom Schiff gegangen war, begann er, nach Rom zu wandern. [3] Von denen, die im Schiff gekommen waren, schlossen sich ihm zur Gesellschaft eine Mutter mit einer Tochter an, die sie in Knabenkleidung mithatte, und ein weiterer Bursche. Diese folgten ihm, weil sie auch bettelten.

[4] Zu einem Gehöft gekommen, fanden sie ein großes Feuer und viele Soldaten bei ihm, welche ihnen zu essen gaben; und sie gaben ihnen viel Wein und luden sie in einer Weise ein, daß es schien, sie hätten die Absicht, sie beschwipst zu machen. [5] Danach trennten sie sie; sie gaben die Mutter und die Tochter oben in ein Zimmer, und den Pilger mit dem Burschen in einen Stall. [6] Doch als Mitternacht kam, hörte er, daß dort oben laut geschrien wurde. Und er stand auf, um zu sehen, was es war; er fand die Mutter und die Tochter unten im Hof, sehr verweint und jammernd, daß man sie vergewaltigen wolle. [7] Ihm kam daraufhin ein so großer Ansturm, daß er mit den Worten zu schreien begann: »Das soll man ertragen!«, und ähnliche Vorwürfe. [8] Diese sagte er mit solcher Wirksamkeit, daß alle im Haus entsetzt blieben und ihm niemand etwas antat. [9] Der Bursche war bereits geflohen, und alle drei begannen so nachts zu wandern.

39 Und als sie zu einer nahegelegenen Stadt kamen, fanden sie sie verschlossen. Und da sie nicht hineinkommen konnten, verbrachten sie alle drei jene Nacht in einer verregneten Kirche, die dort lag.

[2] Am Morgen wollte man ihnen nicht die Stadt öffnen, und außerhalb fanden sie kein Almosen, obwohl sie zu einer Burg gingen, die nahe von dort schien; dort fand sich der Pilger schwach, sowohl von der Mühsal auf dem Meer als auch von allem übrigen *usw.* [3] Und da er nicht mehr wandern konnte, blieb er dort. Und die Mutter und die Tochter gingen weiter nach Rom.

[4] An jenem Tag kamen viele Leute aus der Stadt. Und da er erfuhr, daß die Herrin jenes Gebiets (119) dorthin kommen sollte, stellte er sich vor sie hin. Er sagte ihr, daß er aus bloßer Schwäche krank sei; er bitte sie, ihn in die Stadt hineingehen zu lassen, um ein Heilmittel zu suchen. [5] Sie gestattete es leicht. [6] Und er begann, in der Stadt zu betteln, und fand viele Quattrini (120). Und er erholte sich dort zwei Tage und setzte dann seinen Weg wieder fort und kam am Palmsonntag (121) nach Rom.

40 Dort begannen alle, die mit ihm sprachen, als sie erfuhren, daß er kein Geld für Jerusalem mitbrachte, ihm von der Reise abzuraten. Sie versicherten ihm mit vielen Gründen, daß es unmöglich sei, ohne Geld eine Überfahrt zu finden. [2] Aber er hatte eine große Gewißheit in seiner Seele, daß er nicht zweifeln konnte,

---

(119) Vielleicht Gräfin Beatrice Appiani, die Frau von Vespasiano Colonna; sie war die Herrin der Stadt Fondi.

(120) Eine kleine italienische Münze; auch Ausdruck für Geld überhaupt.

(121) Am 29. März 1523.

sondern er werde eine Möglichkeit finden, nach Jerusalem zu fahren.

[3] Und nachdem er den Segen des Papstes Hadrian VI. empfangen hatte (122), brach er danach nach Venedig auf (123), acht oder neun Tage nach Ostern (124). [4] Er hatte noch sechs oder sieben Dukaten bei sich, die man ihm für die Überfahrt von Venedig nach Jerusalem gegeben hatte, und er hatte

---

(122) In den Vatikanischen Archiven ist der Text eines päpstlichen Indults erhalten, das für *»Iñigo* (Enecus) *de Loyola, Kleriker der Diözese Pamplona«* (vgl. Fußn. 25) die Erlaubnis gibt, das Heilige Grab und die anderen Heiligen Stätten zu besuchen (MI FD, 289f). Von den Pariser Studien an wird sein Name mit *Ignatius* latinisiert werden. In einem Brief aus Rom an Francisco de Borja Mitte 1547 (MI Epp. I, 529) erwähnt Ignatius seine Andacht zum hl. Ignatius von Antiochien († spätestens 117): »In bezug auf die vergangene Krankheit Eurer Gnaden habe ich bereits in einem anderen Brief geschrieben, daß ich gleichzeitig von der Krankheit und der wiedererlangten Gesundheit erfuhr, so daß ich keinen Stoff fand, traurig zu sein, sondern mir schien, ich sollte mich in dem Glauben freuen, daß beides nicht ohne wachsende geistliche Frucht sein würde. Jetzt, da ich sehe, daß diese Heimsuchung und dieser Gewinn seinen Anfang am Tag des glorreichen heiligen Ignatius genommen hat, läßt mich dies noch mehr Freude im Herrn erfahren; und zugleich bin ich überzeugt, daß der Name eines so glückseligen Heiligen, zu dem ich eine sehr besondere Verehrung und Andacht in unserem Herrn habe oder zumindest zu haben verlange, Euer Gnaden in der Andacht wachsen lassen wird.« Das Fest des hl. Ignatius von Antiochien wurde am 1. Februar gefeiert. Vgl. Fußn. 239.

(123) Eine Wegstrecke von etwa 500 km.

(124) Ostern fiel im Jahr 1523 auf den 5. April; Iñigo brach also am 13. oder 14. April auf.

sie angenommen, etwas von den Befürchtungen besiegt, die man ihm vorgelegt hatte, auf andere Weise nicht überfahren zu können. [5] Aber zwei Tage nach der Abreise von Rom begann er zu erkennen, daß dies der Mangel an Vertrauen gewesen sei, den er gehabt habe. Und es tat ihm sehr leid, die Dukaten angenommen zu haben, und er dachte, ob es nicht gut sei, sie zu lassen. [6] Doch am Schluß entschloß er sich, sie großzügig an die auszugeben, die sich anboten, die gewöhnlich Arme waren (125). [7] Und er tat dies auf eine Weise, daß er, als er danach nach Venedig kam, nur noch einige Quattrini bei sich hatte, die er diese Nacht notwendig hatte.

41 Auf diesem Weg nach Venedig schlief er jedoch wegen der Pestwachen, die es gab, in den Arkaden. Und einmal geschah es ihm, als er morgens aufstand, auf einen Mann zu stoßen, der sich, sobald er ihn nur sah, mit großem Entsetzen zur Flucht wandte, denn es scheint, daß er ihn sehr fahl gesehen haben muß.

[2] So wandernd kam er nach Chioggia, und mit einigen Gefährten, die sich ihm angeschlossen hatten, erfuhr er, daß man sie nicht nach Venedig hineinlassen würde. [3] Und die Gefährten entschlossen sich, nach Padua zu gehen, um dort einen Gesundheitsschein zu bekommen (126). Und so brach er mit ihnen auf. Aber er konnte nicht so sehr wandern; denn sie wanderten sehr kräftig. Sie ließen ihn, fast bei Nacht, auf einem großen Feld zurück. [4] Als er auf diesem Feld war, erschien ihm Christus auf die Weise, wie

---

(125) Vgl. Fußn. 118; es handelt sich bereits um ein Verständnis von Armut zum Nutzen für andere Menschen.

(126) In Padua gab es eine Universität mit medizinischer Fakultät.

er ihm zu erscheinen pflegte, wie wir oben gesagt haben (127), und tröstete ihn sehr. [5] Und mit dieser Tröstung kommt er am Tag darauf morgens zum Tor von Padua, ohne einen Paß gefälscht zu haben, wie – glaube ich – es seine Gefährten getan hatten, und er kommt hinein, ohne daß die Wachen ihn nach etwas fragen; [6] und das gleiche geschah ihm beim Hinausgehen. Darüber entsetzten sich seine Gefährten sehr, die sich gerade den Schein geholt hatten, um nach Venedig zu gehen, um den er sich nicht kümmerte.

42 Und als sie nach Venedig gekommen waren, kamen die Wachen zum Boot, um alle, einen nach dem anderen, soviele darin waren, zu überprüfen, und nur ihn ließen sie aus.

[2] Seinen Unterhalt in Venedig erbettelte er, und er schlief auf dem St. Markus-Platz. Aber er wollte nie zum Haus des Gesandten des Kaisers gehen und unternahm auch nichts Besonderes, um zu suchen, womit er die Überfahrt machen könnte. [3] Und er hatte eine große Gewißheit in seiner Seele, daß Gott es ihm schon ermöglichen würde, nach Jerusalem zu fahren. Und diese bestätigte ihn so sehr, daß ihn keine Gründe und Befürchtungen, die man ihm vorstellte, zweifeln machen konnten.

[4] An einem Tag traf ihn ein reicher spanischer Mann (128) und fragte ihn, was er mache und wohin er gehen wolle. Und als er seine Absicht erfuhr, nahm er ihn zum Essen mit in sein Haus und behielt ihn danach einige Tage, bis die Abfahrt herankam. [5] Der

(127) Vgl. n. 29,4–7.

(128) In n. 50,2 wird auf zwei Personen verwiesen; der zweite war Marco Antonio Trevisano (vgl. MI Scripta II, 479–481).

Pilger hatte diese Gewohnheit schon seit Manresa, daß er, wenn er mit einigen aß, niemals bei Tisch sprach, außer etwa kurz zu antworten; sondern er hörte zu, was gesagt wurde, und merkte auf einige Dinge, von denen er Gelegenheit nähme, um von Gott zu sprechen. Und nach Beendigung des Essens tat er es.

43 Und dies war der Grund, weshalb der vornehme Mann mit seinem ganzen Haus so viel Zuneigung zu ihm faßten, daß sie ihn behalten wollten und dazubleiben nötigten.

[2] Und der gleiche Hausherr brachte ihn zum Dogen von Venedig (129), damit er mit ihm spreche, *das heißt*, er verschaffte ihm Zugang und Audienz. [3] Als der Doge den Pilger hörte, gebot er, ihm einen Schiffsplatz im Schiff der Governatori zu geben, die nach Zypern fuhren.

[4] Obwohl in diesem Jahre viele Jerusalempilger gekommen waren, waren die meisten von ihnen wegen der neuen Lage, die mit der Einnahme von Rhodos entstanden war (130), in ihre Heimatländer zurückgekehrt. [5] Dennoch gab es dreizehn im Pilgerschiff, das als erstes abfuhr, und acht oder neun blieben für das Schiff der Governatori (131). Als dieses zur Abfahrt

---

(129) Andrea Gritti (1455–1538); er war erst am 10. Mai 1523, vier Tage vor Iñigos Ankunft, zum Dogen gewählt worden.

(130) Rhodos, das dem Johanniter-Ritterorden unterstand, war am 12. Dezember 1522 von den Türken unter Süleiman II. (dem Prächtigen) eingenommen worden.

(131) Von der Pilgerfahrt sind die Tagebücher des zürcherischen Glockengießers Peter Füessli (zuletzt veröffentlicht von LEZA M. UFFER in: Mitteilungen der Antiquarischen Gesellschaft in Zürich, Band 50, Heft 3, 1982) und des

bereit war, befällt unseren Pilger eine schwere Krankheit mit Fieberstößen; [6] und nachdem sie ihn einige Tage übel mitgenommen hatten, verließen sie ihn. Und das Schiff fuhr an dem Tag ab, an dem er ein Abführmittel genommen hatte. [7] Die aus dem Haus fragten den Arzt, ob er sich nach Jerusalem einschiffen könne, und der Arzt sagte: Um dort begraben zu werden, könne er sich gut einschiffen. [8] Doch er ging auf das Schiff und reiste an jenem Tag ab; und er erbrach sich so sehr, daß er sich sehr erleichtert fühlte und wieder ganz gesund zu werden begann.

Straßburgers Philipp Hagen (veröffentlicht von LUDWIG CONRADY, Vier rheinische Palästina-Pilgerschriften, Wiesbaden 1882, 230–289) erhalten. In diesem Jahr fuhren im ganzen wohl nur 21 Pilger (vier Spanier, drei Schweizer, ein Tiroler, zwei Deutsche, 11 Flamen und Holländer) sowie einige Mönche nach Jerusalem. Sie verteilten sich, weil sie kein eigenes Pilgerschiff finanzieren konnten, auf zwei Handelsschiffe. Das erste Schiff verließ Venedig am 29. Juni, das zweite, größere, mit dem Namen Negrona, am 14. Juli. Dieses Schiff hatte nach Peter Füessli bei sechs Segeln sowie neunzehn Geschützen 32 Mann Besatzung. Im ganzen fuhren etwa 150 Personen auf dem Schiff, darunter der neue Governatore für Zypern Niccolò Dolfin mit seinem Stab und Kaufleute. Auch Iñigo und die drei anderen Spanier, nämlich ein Priester und der Komtur des St. Johannes-Ordens Diego Manes mit seinem Diener sowie Peter Füessli reisten auf diesem Schiff. Der Fahrpreis betrug 26 Dukaten (andere Angebote in Venedig hatten auf 60 oder 50 Dukaten gelautet). Wegen einer Pest in Syrien fuhr das Schiff jedoch von Famagusta in Zypern nicht weiter nach Baruta (Beirut). Die Pilger mußten sich zu Land von Famagusta nach Salinen (Larnaka) begeben, um sich den Reisenden des erstgenannten Schiffs anschließen zu können, das nach Jaffa fuhr.

[9] Auf diesem Schiff wurden einige Schweinereien und offenkundige Unanständigkeiten begangen, die er mit Strenge tadelte.

44 Die Spanier, die mitfuhren, wiesen ihn darauf hin, er solle dies nicht tun; denn die Schiffsleute waren nahe daran, ihn auf irgendeiner Insel zurückzulassen. [2] Aber unser Herr wollte, daß sie bald nach Zypern kamen, wo sie, nachdem sie jenes Schiff verlassen hatten, sich zu Land zu einem anderen Hafen begaben, Salinen genannt, der zehn Meilen entfernt lag. [3] Und sie gingen auf das Pilgerschiff, auf welches er ebenfalls nichts anderes zu seinem Unterhalt mitnahm als die Hoffnung, die er auf Gott trug, wie er es auf dem anderen Schiff getan hatte.

[4] In dieser ganzen Zeit erschien ihm viele Male unser Herr, welcher ihm viel Tröstung und Ermutigung gab. Aber es schien ihm, daß er ein rundes und großes Ding sah, wie wenn es aus Gold wäre, und dies stellte sich ihm dar.

[5] Nachdem sie von Zypern abgefahren waren, kamen sie nach Jaffa (132).

[6] Und während sie, wie es üblich war, auf ihren Eselchen nach Jerusalem ritten, und zwei Meilen bevor sie nach Jerusalem kamen, sagte ein Spanier – ein Edler, wie es schien –, mit Namen Diego Manes genannt, mit großer Andacht zu allen Pilgern: [7] Da sie

---

(132) Nach Jaffa kamen die Pilger wegen Windstillen und falscher Navigation erst am 25. August. Sie mußten dann noch bis zum 31. August und zum Teil bis zum 1. September auf dem Schiff warten, bis sie an Land gebracht wurden, nachdem der Kapitän mit einem Dolmetscher nach Jerusalem geritten war und Geleit für die Pilger geholt hatte. Erst am 4. September kamen sie nach Jerusalem.

von hier aus binnen kurzem zu der Stelle kämen, von der aus man die Heilige Stadt sehen könne, wäre es gut, daß sich alle in ihrem Gewissen bereiteten und daß sie in Stillschweigen gingen.

45 Und da dies allen gut schien, begann jeder, sich zu sammeln; und kurz bevor sie an den Ort kamen, wo man die Stadt sah, stiegen sie ab, weil sie die Mönche (133) mit dem Kreuz sahen, die auf sie warteten. [2] Und als er die Stadt sah, hatte der Pilger große Tröstung. Und wie die anderen sagten, war sie allgemein bei allen, mit einer Freude, die nicht natürlich schien. Und die gleiche Andacht verspürte er immer bei den Besuchen der Heiligen Stätten (134).

[3] Sein fester Vorsatz war, in Jerusalem zu bleiben und immer jene Heiligen Stätten zu besuchen. Und auch hatte er außer dieser Andacht den Vorsatz, den Seelen zu helfen. Und zu diesem Zweck hatte er Empfehlungsbriefe für den Guardian bei sich, die er ihm gab. Und er sagte ihm seine Absicht, dort zu seiner Andacht zu bleiben, [4] aber nicht den zweiten Teil, den Seelen nützlich sein zu wollen; denn dies sagte er niemandem (135), während er den ersten Teil viele

---

(133) Mit der Obhut der Heiligen Stätten waren die Franziskaner betraut.

(134) Nach Füesslis Bericht kamen die Pilger am Vormittag des 4. September um 10 Uhr in Jerusalem an und wurden zunächst im Kloster der Franziskanerobservanten auf dem Sionsberg beköstigt und dann in die Herberge gebracht. Füessli beschreibt ausführlich, welche einzelnen Stätten die Pilger in Jerusalem besuchten; sie kamen auch nach Betlehem, Jericho und zum Jordan, nicht jedoch nach Nazaret oder Tiberias.

(135) Vielleicht weil es als verdächtig galt, ohne Studien den Glauben verkünden zu wollen; vgl. nn. 62,5f; 64,4 bis

Male öffentlich gemacht hatte. [5] Der Guardian antwortete ihm, er sehe nicht, wie sein Bleiben möglich sein solle, da das Haus in so großer Not sei, daß es nicht den Unterhalt der Mönche tragen könne; und aus diesem Grunde sei er entschlossen, einige mit den Pilgern nach hier (136) zu schicken. [6] Und der Pilger antwortete, daß er nichts vom Haus wolle, sondern nur, wenn er manchmal zum Beichten komme, daß man seine Beichte höre. [7] Und daraufhin sagte ihm der Guardian, auf diese Weise könne es geschehen; aber er solle abwarten, bis der Provinzial (137) – ich glaube, er war der Höchste des Ordens in jenem Gebiet – komme, der in Betlehem war.

46 Mit diesem Versprechen wurde der Pilger sicher und begann Briefe nach Barcelona an geistliche Personen zu schreiben. [2] Als er bereits einen Brief geschrieben hatte und den zweiten gerade schrieb, am Tag vor der Abreise der Pilger (138), kommt man ihn vom Provinzial und vom Guardian rufen, weil jener eingetroffen war. [3] Und der Provinzial sagt ihm mit guten Worten, wie er von seiner guten Absicht erfahren habe, an jenen Heiligen Stätten zu bleiben; und er habe gut über die Sache nachgedacht; und wegen der Erfahrung, die er mit anderen habe, urteile er, es sei nicht angebracht. [4] Denn viele hätten jenes Verlangen gehabt, und mancher sei gefangen worden, mancher gestorben; und danach sei der Orden verpflichtet

---

65,6; 68,8.

(136) Nach Rom oder zumindest in die christlichen Länder.

(137) P. Angelo da Ferrara.

(138) Am 22. September. Einer dieser Briefe war an Agnès Pascual gerichtet; Ribadeneira scheint diesen Brief, der heute verschollen ist, noch gesehen zu haben (vgl. MI FN I, 1-4; IV, 156f).

geblieben, die Gefangenen loszukaufen. Und deshalb solle er sich bereiten, am Tag darauf mit den Pilgern abzureisen. [5] Er antwortete darauf, er habe diesen Vorsatz sehr fest und urteile, er werde um keinen Preis seine Ausführung unterlassen. Und er gab höflich zu verstehen: Auch wenn es dem Provinzial nicht gut scheine - wenn es sich nicht um etwas handle, das ihn unter Sünde verpflichte -, werde er wegen keiner Furcht von seinem Vorsatz lassen. [6] Darauf sagte der Provinzial, sie hätten Vollmacht vom Apostolischen Stuhl, von dort gehen oder dort bleiben zu lassen, wen ihnen gut schiene, und exkommunizieren zu können, wer ihnen nicht gehorchen wolle; und in diesem Fall urteilten sie, daß er nicht bleiben dürfe *usw.*

47 Und als er ihm die Bullen zeigen wollte, aufgrund deren sie exkommunizieren könnten, sagte er, es sei nicht notwendig, sie zu sehen; er glaube Ihren Hochwürden; und da sie mit der Vollmacht, die sie hätten, so urteilten, werde er ihnen gehorchen (139).

[2] Und als dies beendet war und er dorthin zurückkehrte, wo er vorher war, kam ihm großes Verlangen, vor dem Aufbruch noch einmal den Ölberg zu besuchen, da es nun einmal nicht der Wille unseres Herrn war, daß er an jenen Heiligen Stätten bleibe. [3] Auf

(139) Für Iñigo hat geltendes Recht den Vorrang vor seinen höchsten eigenen, auch geistlichen Wünschen; er verhält sich dann vornehm und verlangt keine unnötigen Beweise. In GT 69,1 sagt er ähnlich, daß er »für den ganzen Himmel oder für die Welt« nicht von seiner Absicht einer veränderten Armutsregelung abgehen wolle; begrenzt werde dieser Wunsch für ihn nur dadurch, daß er dafür von der Zustimmung seiner Gefährten abhängig sei; mit ihnen war eine andere Regelung abgemacht worden. Vgl. auch in GÜ 171f die sog. »unveränderbare Wahl«.

dem Ölberg ist ein Stein, von dem aus unser Herr in die Himmel aufstieg, und man sieht noch jetzt die eingedrückten Fußspuren. Und dies war es, was er noch einmal sehen wollte. [4] Und so entwich er den anderen, ohne irgend etwas zu sagen oder einen Führer zu nehmen – denn die ohne Türken als Führer gehen, laufen große Gefahr –, und begab sich allein zum Ölberg. [5] Und die Wachen wollten ihn nicht eintreten lassen. Er gab ihnen ein Messer aus dem Schreibzeug, das er bei sich hatte (140). Und nachdem er sein Gebet mit großer Tröstung gehalten hatte, kam ihm das Verlangen, nach Betfage zu gehen. [6] Und als er dort war, erinnerte er sich wieder, daß er auf dem Ölberg nicht gut geschaut hatte, in welcher Richtung der rechte Fuß oder in welcher der linke war; und er kehrte dorthin zurück und gab den Wachen – glaube ich – die Schere, damit sie ihn eintreten ließen.

48 Als man im Kloster erfuhr, daß er so ohne Führer aufgebrochen war, trafen die Mönche Maßnahmen, um ihn zu suchen. Und als er so vom Ölberg herunterkam, traf er auf einen Gürtelchristen (141), der im Kloster diente, welcher mit einem großen Stock und

---

(140) Vgl. nn. 11,3f und 18,4.

(141) Als die Araber christliche Gebiete eroberten, verfügten sie besondere Kleidervorschriften für die Christen; u. a. schrieben sie das Tragen von Gürteln vor. Davon konnte man sich durch Geldleistungen loskaufen. Vermutlich handelte es sich bei den »Gürtelchristen« vor allem um Melkiten, die der armen Bevölkerungsschicht angehörten. Dem Ausdruck haftete etwas Abwertendes an (vgl. ANNA-DOROTHEE V. DEN BRINCKEN, Die »Nationes christianorum orientalium« im Verständnis der lateinischen Historiographie, Köln 1973, 80f).

offenbar großem Ärger Zeichen machte, ihn schlagen zu wollen. [2] Und als er zu ihm kam, packte er ihn heftig am Arm. Er aber ließ sich leicht führen. Doch der gute Mann ließ ihn nie los. [3] Indem er auf diesem Weg so vom Gürtelchristen gegriffen ging, hatte er von unserem Herrn große Tröstung, daß ihm schien, er sehe Christus immer über sich. [4] Und dies dauerte immer in großem Übermaß an, bis er zum Kloster gelangte.

V. Rückkehr nach Barcelona

49 Am Tag darauf (142) brachen sie auf, und nach Zypern gekommen, verteilten sich die Pilger auf verschiedene Schiffe. Es gab im Hafen drei oder vier Schiffe nach Venedig: [2] eines von Türken, und ein anderes war ein sehr kleines Schiff, und das dritte war ein sehr reiches und mächtiges Schiff eines reichen venezianischen Mannes. [3] Den Patron (143) dieses Schiffs baten einige Pilger, er möge den Pilger mitnehmen. Aber als dieser erfuhr, daß er kein Geld habe, wollte er nicht, obwohl viele ihn baten, indem sie ihn lobten *usw.* [4] Und der Patron antwortete: Wenn er ein Heiliger sei, solle er die Überfahrt machen, wie sie der hl. Jakobus gemacht habe (144), oder etwas

(142) Am 23. September 1523. Nach Füesslis Bericht wurde die Pilgergruppe auf dem Rückweg einmal überfallen und ein anderes Mal tagelang eingesperrt. Erst am 1. Oktober trafen sie in Jaffa ein und hatten der türkischen Eskorte vierzig Dukaten zu zahlen. Die Fahrt nach Zypern dauerte vom 3. bis zum 14 Oktober. Dort war das Gouverneursschiff bereits abgefahren.

(143) Wohl zugleich Schiffseigner und Kapitän.

(144) Nach der Jakobuslegende wurde der Leib des Apostels Jakobus des Älteren nach seinem Martyrium (vgl. Apg

Ähnliches. [5] Diese selben Bittsteller erlangten es sehr leicht vom Patron des kleinen Schiffs.

[6] Sie brachen an einem Tag mit am Morgen günstigem Wind auf. Und am Nachmittag überfiel sie ein Sturm, so daß sie auseinandergerieten. Und das große Schiff ging bereits nahe der Inseln von Zypern verloren, und nur die Leute wurden gerettet. Und das Schiff der Türken ging verloren, und alle Leute mit ihm, beim gleichen Unwetter. [7] Das kleine Schiff hatte große Mühe zu bestehen, und am Schluß gelang es ihnen, Land bei Pula (145) zu erreichen. [8] Und dies im harten Winter. Und es herrschte große Kälte und schneite. Und der Pilger trug keine anderen Kleider als Hosen aus groben Stoff bis zum Knie, und die Beine nackt, mit Schuhen, und ein Wams aus schwarzem Tuch, an den Schultern mit vielen Schlitzen offen, und einen kurzen, abgeschabten Rock.

12,2) von zwei seiner Jünger auf wunderbare Weise nach Spanien gebracht. Dort wurde sein Grab in Santiago de Compostela verehrt.

(145) In der lateinischen Übersetzung wird *una tierra de la Pulla* mit *Apuliae quoddam littus* wiedergegeben; das Schiff müßte von dort noch weiter nach Venedig gefahren sein. Denn von Apulien kann man nicht in so wenigen Tagen, wie der folgende Text sonst vorauszusetzen scheint (»was vom Januar verstrichen war« bis »Mitte Januar«) bis Venedig wandern (ca. 600 km). Es ist aber auch möglich, daß es sich in Wirklichkeit um Pula in Istrien handelt, dessen reichgegliederte Küste viele Naturhäfen besitzt. Tatsächlich kam das Schiff, auf dem Füessli reiste, laut seinem Tagebuch am 9. Januar in »Barrantz« (Parenzo, Poreč) in Istrien an, unweit von Pula. Die Pilger reisten dann auf anderem Weg nach Venedig weiter. Möglicherweise hat sich Iñigo auf diesem Schiff befunden.

50 Er kam nach Venedig Mitte Januar des Jahres 1524. Seit Zypern hatte er den ganzen Monat November und Dezember und was vom Januar verstrichen war, auf dem Meer verbracht. [2] In Venedig fand ihn einer von jenen beiden, die ihn in ihr Haus aufgenommen hatten, bevor er nach Jerusalem aufbrach, und gab ihm als Almosen fünfzehn oder sechzehn Giuglii (146) und ein Stück Tuch; dieses faltete er vielfach und legte es wegen der herrschenden großen Kälte auf den Magen.

[3] Seit der genannte Pilger eingesehen hatte, daß es Gottes Wille war, daß er nicht in Jerusalem sei, dachte er ständig bei sich nach: *Was tun?* Und am Schluß neigte er mehr dazu, eine Zeit zu studieren, um den Seelen helfen zu können; und er entschloß sich, nach Barcelona zu gehen.

Und so brach er von Venedig nach Genua auf. [4] Und als er eines Tages in der Hauptkirche von Ferrara war und seine Andachten hielt, bat ihn ein Armer um Almosen. Und er gab ihm einen Marchetto, das ist eine Münze von fünf oder sechs Quattrini. Und nach jenem kam ein anderer, und er gab ihm ein anderes Münzlein, das er hatte, ein etwas größeres. [5] Und dem dritten gab er, da er nur noch Giuglii hatte, einen Giuglio. Und wie die Armen sahen, daß er Almosen gab, kamen sie nur so herbei, und so ging alles zu Ende, was er bei sich hatte. [6] Und am Schluß kamen viele Arme auf einmal, um Almosen zu erbitten. Er antwortete, sie mögen ihm verzeihen, er habe nichts mehr.

---

(146) Eine nach Papst Julius II. benannte Münze (»Julier«), die ein Zehntel eines Dukaten ausmachte. – Zu den erwähnten zwei Personen vgl. Fußn. 128.

51 Und so brach er von Ferrara nach Genua auf. Auf dem Weg traf er einige spanische Soldaten, die ihn in jener Nacht gut behandelten. [2] Und sie entsetzten sich sehr, wie er jenen Weg mache; denn man mußte fast mitten zwischen beiden Heeren, Franzosen und Kaiserlichen (147), hindurchgehen. Und sie baten ihn, die Königsstraße zu verlassen und einen anderen, sicheren Weg zu nehmen, den sie ihm wiesen. [3] Aber er nahm ihren Rat nicht an (148). Indem er vielmehr seinen geraden Weg wanderte, stieß er auf ein niedergebranntes und zerstörtes Dorf; und so fand er bis zum Abend niemanden, der ihm etwas zu essen gegeben hätte.

[4] Doch als es gegen Sonnenuntergang war, kam er zu einem ummauerten Dorf. Und die Wachen ergriffen ihn sogleich; sie dachten, er sei ein Spion. [5] Und indem sie ihn in eine Hütte nahe dem Tor brachten, begannen sie ihn auszufragen, wie man es zu tun pflegt, wenn Verdacht vorliegt. Und er antwortete auf alle Fragen, er wisse nichts. [6] Und sie zogen ihn aus und untersuchten ihn bis zu den Schuhen und allen

---

(147) Nachdem es Kastilien gelungen war, die in der Schlacht um Pamplona 1521 verlorenen Gebiete wiederzuerobern, verlagerte sich die kriegerische Auseinandersetzung nach Italien. Dort führte der französische König François I. Krieg gegen Karl V. um das Herzogtum Mailand. Iñigo macht diesen Weg im Februar 1524. Im Jahr darauf entscheidet sich der Krieg in der Schlacht von Pavia; der französische König wird gefangengenommen und nach Madrid gebracht, von wo er sich erst durch den Vertrag von Madrid 1526 befreien konnte. 1527 nahm er, verbündet mit Papst Clemens VII., den Krieg wieder auf.

(148) Vgl. demgegenüber das spätere Verhalten, z. B. nn. 56,2 und 76,2, andererseits 90,3–4.

Körperteilen, um zu sehen, ob er irgendeinen Brief bei sich habe. [7] Und da sie auf keine Weise irgend etwas erfahren konnten, packten sie ihn, damit er zum Hauptmann komme: der werde ihn zum Reden bringen. [8] Und als er sagte, sie möchten ihn mit seinem Rock bekleidet hinbringen, wollten sie ihm den nicht geben, und sie brachten ihn so mit seinen Hosen und dem Wams hin, von denen oben die Rede war (149).

52 Bei diesem Gang hatte der Pilger wie eine Vergegenwärtigung davon, als man Christus wegführte, obwohl es nicht wie die anderen eine Vision war. [2] Und er wurde durch drei große Straßen geführt. Und er ging ohne jede Traurigkeit, vielmehr mit Freude und Zufriedenheit.

[3] Er hatte zur Gewohnheit, jeden, wer es auch war, mit »ihr« (150) anzureden, denn er hatte diese Andacht, daß Christus und die Apostel so geredet hätten *usw.* [4] Wie er so durch die Straßen ging, kam ihm in die Phantasie, daß es gut wäre, von jener Gewohnheit in dieser Gefährdung zu lassen und den Hauptmann mit »Herr« anzureden, und dies mit einiger Furcht vor Foltern, die man ihm antun könne *usw.* [5] Doch als er erkannte, daß es eine Versuchung war: »Also so ist es«, sagt er, »ich werde ihn weder mit ›Herr‹ anreden noch ihm eine Ehrerbietung erweisen noch die Mütze vor ihm abnehmen.«

53 Sie kommen zum Palast des Hauptmanns, und sie lassen ihn in einem Zimmer unten; und bald danach spricht der Hauptmann mit ihm. [2] Und er – ohne irgendeine Form der Höflichkeit zu gebrauchen –

(149) Vgl. n. 48,2–3.

(150) Spanisch *vos* als Anrede auch einzelner, gleichgestellter oder untergeordneter Personen.

antwortet wenige Worte und mit erheblichem Abstand dazwischen. [3] Und der Hauptmann hielt ihn für verrückt, und so sagte er es denen, die ihn gebracht hatten: »Dieser Mensch hat keinen Verstand; gebt ihm das Seine und werft ihn hinaus.«

[4] Als er aus dem Gebäude hinausgegangen war, traf er gleich einen Spanier, der dort wohnte; dieser nahm ihn so mit in sein Haus und gab ihm zum erstenmal etwas zu essen und alles Nötige für jene Nacht.

[5] Und er brach am Morgen auf und wanderte bis zum Nachmittag, als ihn zwei Soldaten, die auf einem Turm waren, sahen und hinabstiegen, um ihn gefangenzunehmen. [6] Und als sie ihn zum Hauptmann brachten, der Franzose war, fragte ihn der Hauptmann unter den anderen Dingen, aus welchem Gebiet er sei; und als er hörte, daß er aus Guipúzcoa sei, sagte er ihm: »Ich bin dort aus der Nähe« - es scheint, nahe bei Bayonne. Und dann sagte er: »Führt ihn weg und gebt ihm zu essen und behandelt ihn gut.«

[7] Auf diesem Weg von Ferrara nach Genua erlebte er viele andere unwichtige Dinge; und zum Schluß kam er nach Genua. Dort erkannte ihn ein Mann aus der Vizcaya, der Portundo (151) hieß, der einst mit ihm gesprochen hatte, als er am Hof des Katholischen Königs (152) diente. [8] Dieser verschaffte ihm einen Platz auf einem Schiff, das nach Barcelona fuhr. Auf diesem Schiff lief er große Gefahr, von Andrea

(151) Er hieß in Wirklichkeit Rodrigo Portuondo und war, wie Ribadeneira berichtet, »General der spanischen Galeeren« (MI FN IV, 169).

(152) Juan Velázquez de Cuellar, bei dem Iñigo als Page gedient hatte, nahm als Großschatzmeister von Kastilien ungefähr die Stellung eines königlichen Finanzministers ein; vgl. Fußn. 25.

Doria[153] gefangen zu werden, der darauf Jagd machte; denn dieser war damals französisch.

VI. Barcelona und Alcalá

54 Nach Barcelona gekommen[154], teilte er seine Absicht zu studieren Isabel Roser[155] und einem Magister Ardévol[156] mit, der in Grammatik unterwies. [2] Beiden schien es sehr gut; und dieser bot sich an, ihn kostenlos zu unterweisen, und jene, ihm zu geben, was zu seinem Unterhalt nötig wäre.

---

(153) Admiral Andrea Doria aus Genua ging 1522 auf die Seite des französischen Königs über; nach dessen Niederlage in Pavia 1525 stand er im Dienst von Papst Clemens VII.; 1528 wechselte er zu Karl V. und den Spaniern.

(154) In n. 57,1 sagt Ignatius, er sei in der Fastenzeit 1524 (9. Februar - 27. März) nach Barcelona gekommen.

(155) Iñigo hatte Isabel Roser bereits bei seinem Aufenthalt in Barcelona vor der Jerusalemfahrt kennengelernt. Sie hat ihn dann während seines ganzen Studiums unterstützt. 1543 kam sie mit zwei Gefährtinnen nach Rom und erlangte vom Papst 1545 die Erlaubnis, sich mit Gelübden der Gesellschaft Jesu zu unterstellen. Ignatius erreichte ein Jahr darauf die Auflösung dieser Gelübde und die Befreiung der Gesellschaft von der Leitung von Frauen. Er teilt ihr am 1. Oktober 1546 mit: »Es hat mir zu größerer göttlicher Ehre geschienen, ich solle mich zurückziehen und von dieser Sorge trennen, Euch als geistliche Tochter im Gehorsam zu haben, anstatt als gute und liebevolle Mutter, wie Ihr es mir zu größerer Ehre Gottes unseres Herrn lange Zeit gewesen seid.« (Brief 137, BU 122f) Isabel Roser kehrte 1547 nach Barcelona zurück und wurde Franziskanerin.

(156) Jerónimo Ardévol gab Lateinunterricht; vgl. CÁNDIDO DE DALMASES, *Los estudios de San Ignacio en Barcelona*, in: AHSJ 10 (1941) 283–293.

[3] Der Pilger hatte in Manresa einen Mönch – ich glaube, vom hl. Bernhard –, einen sehr geistlichen Mann, und er wollte bei ihm sein, um zu lernen und um sich ungestörter dem Geist zu widmen und noch den Seelen zu nützen. [4] Und so antwortete er, er nehme das Angebot an, wenn er nicht in Manresa die Gelegenheit finde, die er erhoffte. Aber als er dorthin ging, fand er, daß der Mönch gestorben war. Und so kehrte er nach Barcelona zurück und begann mit großem Eifer zu studieren.

[5] Aber eine Sache hinderte ihn sehr, und zwar, wenn er auswendig zu lernen begann, wie es am Anfang der Grammatik notwendig ist, kamen ihm neue Einsichten geistlicher Dinge und neues Schmecken, [6] und dies auf solche Weise, daß er nicht auswendig lernen konnte und sie auch, so sehr er widerstand, nicht abwerfen konnte.

55 Und so sagte er bei sich, indem er viele Male darüber nachdachte: »Nicht einmal wenn ich mich zum Gebet begebe und in der Messe bin, kommen mir diese so lebendigen Einsichten.« Und so kam er allmählich zur Erkenntnis, daß jenes eine Versuchung war (157). [2] Und nachdem er gebetet hatte, begab er sich nach St. Maria vom Meer (158), beim Haus des Lehrers; er hatte ihn gebeten, ihn in jener Kirche ein wenig anhören zu wollen. [3] Und so setzten sie sich, und er erklärt ihm getreu alles, was in seiner Seele vorging, und wie wenig Fortschritt er bis dahin aus jenem Grund gemacht hatte; aber daß er nun dem genannten Lehrer ein Versprechen ablege, indem er

---

(157) Vgl. n. 26.

(158) Eine große gotische Kirche in der Nähe des Hafens, die 1383 fertiggestellt worden ist.

sage: [4] »Ich verspreche euch, diese zwei Jahre niemals zu unterlassen, euch zu hören, soweit ich in Barcelona Brot und Wasser finde, womit ich meinen Unterhalt haben kann.« [5] Und da er dieses Versprechen mit großer Wirksamkeit ablegte (159), hatte er niemals mehr jene Versuchungen.

[6] Die Magenschmerzen, die ihn in Manresa befallen hatten, um derentwillen er Schuhe benutzt hatte, verließen ihn, und es ging ihm mit dem Magen gut, seit er nach Jerusalem aufgebrochen war. [7] Und aus diesem Grund kam ihm, als er in Barcelona beim Studium war, das Verlangen, zu den vergangenen Bußübungen zurückzukehren. Und so begann er, ein Loch in die Sohlen der Schuhe zu machen. Er verbreiterte sie allmählich, so daß er, als die Winterkälte kam, nur noch das Oberteil trug.

56 Als zwei Jahre Studium beendet waren, in denen er, wie man ihm sagte, viel vorangekommen war, sagte ihm sein Lehrer, er könne bereits Philosophie hören und solle nach Alcalá (160) gehen. [2] Doch er ließ

---

(159) Die Wirksamkeit besteht darin, sich real an das Urteil eines anderen Menschen zu binden.

(160) Der Weg von Barcelona nach Alcalá betrug etwa 500 km. Die Universität von Alcalá de Henares (lat. *Complutum*), die unweit von Madrid liegt, war von dem späteren Kardinal Francisco Jiménez de Cisneros 1498 gegründet worden und wurde 1508 eröffnet. Der Unterricht fand wie in Paris und Salamanca in selbständigen Kollegien statt. Zur Zeit von Ignatius gab es etwa 2000 Studenten. Ein weltbekanntes Werk aus dieser Universität ist die von 1514 bis 1517 in sechs Bänden gedruckte *Biblia Polyglotta* auf Hebräisch, Lateinisch, Griechisch und Chaldäisch. 1526 erschien in Alcalá die spanische Übersetzung des *Enchiridion militis christiani* von Desiderius Erasmus von Rotterdam.

sich noch prüfen von einem Doktor in Theologie, der ihm das gleiche riet.

Und so brach er allein nach Alcalá auf, obwohl er bereits, wie ich glaube, einige Gefährten hatte (161).

[3] Nach Alcalá gelangt, begann er zu betteln und von Almosen zu leben. [4] Und danach, von da zehn oder zwölf Tage, daß er auf diese Weise lebte, begannen eines Tages ein Kleriker und die bei ihm standen, ihn auszulachen, als sie ihn Almosen erbitten sahen, und ihm einige Schimpfworte zu sagen, wie man es denen zu tun pflegt, die betteln, obwohl sie gesund sind. [5] Und zu dieser Zeit kam der vorbei, der für das neue Spital von Antezana (162) verantwortlich war; er zeigte Bedauern darüber, rief ihn und nahm ihn mit zum Spital, in welchem er ihm ein Zimmer und alles Nötige gab.

57 Er studierte in Alcalá fast anderthalb Jahre. Und da er im Jahr 1524 in der Fastenzeit nach Barcelona kam, wo er zwei Jahre studierte, kam er im Jahr 1526 nach Alcalá und studierte Termini von Soto (163), *Physica* von Albert (164) und den Sentenzenmeister (165).

---

(161) Calixto de Sa, Lope de Cáceres, Juan de Arteaga, Jean Reynalde; vgl. n. 58,5.

(162) Das Spital »von unserer Herrin von der Barmherzigkeit« war 1483 von dem Ehepaar Luis de Antezana und Isabel Guzmán gegründet worden. Es besteht noch heute, auch in seiner Bauform kaum verändert.

(163) Wohl die *Summulae* von Domingo de Soto (1495–1560), deren Thema die Logik ist. Gedruckt wurde dieses Werk erst 1529 in Burgos; Iñigo konnte vermutlich eine Vorlesungsnachschrift benutzen.

(164) Albert von Sachsen (ca. 1316 - 1390), *Quaestiones super octo libros Physicorum* (Kommentar zur aristotelischen Naturphilosophie). Daß es sich nicht, wie meist angenommen wird, um Albert den Großen handelt, geht aus einem

2 Und als er in Alcalá war, übte er sich, geistliche Übungen (166) zu geben und die christliche Lehre zu erläutern; und damit entstand Frucht zur Ehre Gottes. 3 Und es gab viele Personen, die zu großer Kenntnis und Geschmack an geistlichen Dingen kamen. Und andere hatten verschiedene Versuchungen; 4 zum Beispiel war eine, die, als sie sich geißeln wollte, es nicht tun konnte, wie wenn man ihr die Hand festhielte, und ähnliche Dinge, die beim Volk Aufsehen machten, *vor allem* wegen des vielen Zulaufs, den es überall gab, wo immer er die Lehre erklärte.

Ich muß mich an die Furcht erinnern, die er selber eines Nachts durchmachte (167).

Bericht von Jerónimo Nadal hervor: »Er begab sich zum Studium der Philosophie nach Alcalá und begann Termini zu studieren und Albert von Sachsen und den Sentenzenmeister. Aber er erfaßte, daß es Täuschung sei, und ließ es.« (MI FN II, 154)

(165) Petrus Lombardus (ca. 1095 - 1160), *Sententiarum libri quattuor*, eine systematische Darstellung der scholastischen Theologie. Dieses Werk wurde bis ins 16. Jahrhundert weithin als Lehrbuch verwandt. Vgl. auch Sa 466,1-3 [IV].

(166) Hier begegnet erstmals im Bericht des Pilgers der Begriff »Geistliche Übungen«, den Ignatius sowohl im weiten Sinn jeder geistlichen Betätigung wie im engen Sinn der Exerzitien zu gebrauchen pflegte (vgl. z. B. n. 67,5-6).

(167) Es scheint sich um diese von Polanco berichtete Episode zu handeln: »Da er in einem Teil dieses Hauses wohnte, der von Totengeistern heimgesucht wurde, wurde er von einem nächtlichen Schrecken gestört. Da er ihn für nichtig ansah und meinte, ihm nicht nachgeben zu dürfen, empfahl er sich Gott und begann im Herzen und mit der Stimme die Dämonen herauszufordern: Wenn sie von Gott irgendeine Macht gegen ihn erlangt hätten, sollten

[5] Gleich als er nach Alcalá kam, lernte er Don Diego de Eguía (168) kennen, der im Haus seines Bruders war, welcher eine Druckerei (169) in Alcalá betrieb und reichlich das Nötige hatte. [6] Und so halfen sie ihm mit Almosen zum Unterhalt von Armen, und er hatte die drei Gefährten des Pilgers in seinem Haus. [7] Einmal, als er zu ihm kam, um für einige Nöte Almosen zu erbitten, sagte Don Diego, er habe kein Geld. [8] Doch er öffnete ihm eine Truhe, in der er verschiedene Dinge hatte, und gab ihm so Bettüberzüge von verschiedenen Farben und irgendwelche Kerzenständer und andere ähnliche Dinge. Sie alle, eingewickelt in eine Decke, nahm der Pilger auf seine Schultern und ging, den Armen abzuhelfen (170).

---

sie sie ausüben; er jedenfalls werde gern erleiden, was auch immer Gott gefalle; über das hinaus, was Gott ihnen gestattete, vermöchten sie nichts. Und diese Festigkeit des Herzens und der beständige Glaube und das Vertrauen auf Gott hat ihn nicht nur damals von allem Schrecken des Dämonen befreit, sondern ihn auch für später durch Gottes Hilfe gegenüber allen derartigen nächtlichen Schrekken unempfänglich gemacht.« (MI FN II, 545) Vgl. GÜ 325.

(168) Diego de Eguía trat als Priester 1541 in die Gesellschaft Jesu ein und war eine Zeitlang Beichtvater von Ignatius. Er starb am 16. Juni 1556. Ein anderer von den achtundzwanzig Geschwistern, Esteban, wurde nach dem Tod seiner Frau der erste Laienbruder in der Gesellschaft Jesu und starb am 28. Januar 1551.

(169) Miguel de Eguías Druckerei arbeitete für die Universität und war eine der berühmtesten Druckereien Spaniens. Hier erschienen auch das *Enchiridion militis christiani* von Erasmus von Rotterdam auf lateinisch und auf spanisch sowie die Nachfolge Christi.

(170) Eine Weiterentwicklung seines Einsatzes für die Armen (vgl. n. 50,4-6).

58 Wie oben schon gesagt, gab es großes Aufsehen in jenem ganzen Gebiet wegen der Dinge, die in Alcalá geschahen, und der eine redete so und der andere anders. 2 Und die Sache kam bis nach Toledo zu den Inquisitoren. Diese kamen nach Alcalá, und der Pilger wurde von deren Wirt gewarnt; er sagte ihm, daß diese sie »Lodenmänner« (171) nannten und – ich glaube – »Alumbrados« (172), und sie hätten eine Schlächterei unter ihnen zu veranstalten. 3 Und so begannen sie sogleich, eine Untersuchung und einen Prozeß über ihr Leben durchzuführen; und am Schluß kehrten sie

---

(171) »*Ensayalados*«, wegen ihrer Kleidung aus grobem Wollstoff. Nach den erhaltenen Prozeßakten trugen sie hellbraune, bis zu den Füßen reichende Röcke (vgl. MI Scripta I, 598–608).

(172) Die spanische Bewegung der *Alumbrados* oder Illuminaten, die sich zu Beginn des sechzehnten Jahrhunderts zu entfalten begann, lehrte eine eher passive Gebetsweise in der Erwartung besonderer göttlicher Eingebungen; teilweise bestand die Auffassung, die Vollkommenen seien zur Sünde unfähig und stünden über der Heiligen Schrift und der Lehre und den Institutionen der Kirche. Kurz vor der Ankunft von Iñigo in Alcalá hatte die Inquisitionsbehörde in Toledo eine Verurteilung von 45 Sätzen der *Alumbrados* erlassen. Ignatius schreibt am 15. März 1545 an König João III. von Portugal über die verschiedenen Prozesse gegen ihn: »Und wenn Euer Hoheit informiert werden will, warum es so viele Untersuchung und Erforschung über mich gab, so mögen Sie wissen: Nicht wegen irgendeiner Sache von Schismatikern, von Lutheranern oder Alumbrados; denn mit diesen habe ich nie gesprochen und sie auch nicht kennengelernt; sondern weil sie sich, vor allem in Spanien, darüber wunderten, daß ich, der ich keine wissenschaftliche Bildung hatte, so ausführlich in geistlichen Dingen redete und Gespräche führte.« (Brief 81 [BU, 100]).

nach Toledo zurück, ohne sie zu rufen, obwohl sie zu diesem alleinigen Zweck gekommen waren. Und sie überließen den Prozeß dem Vikar Figueroa (173), der jetzt beim Kaiser ist. [4] Dieser rief sie einige Tage darauf und sagte ihnen, von den Inquisitoren sei eine Untersuchung und ein Prozeß über ihr Leben durchgeführt worden und es habe sich kein Irrtum in ihrer Lehre oder in ihrem Leben gefunden; und deshalb könnten sie ohne Hindernis dasselbe tun, was sie getan hätten. [5] Aber da sie keine Ordensleute seien, schiene es nicht gut, daß sie alle mit einer Tracht gingen (174); es wäre gut, und er gebot es ihnen, daß die beiden – er zeigte auf den Pilger und Arteaga – ihr Zeug schwarz färbten, und die anderen beiden, Calixto und Cáceres, sollten es löwenbraun färben; und Juanico (175), der ein französischer Bursche war, würde so bleiben können.

59 Der Pilger sagt, daß sie tun werden, was ihnen geboten wird (176). »Aber ich weiß nicht«, sagt er,

---

(173) Lic. Juan Rodríguez de Figueroa.

(174) Luis Gonçalves da Câmara berichtet in Memoriale 136, er habe Ignatius gefragt, warum der Orden keine eigene Tracht habe. Ignatius antwortete: »Am Anfang ging ich in Bußen und trug eine andersartige Tracht. Die Richter haben mir geboten, mich auf die übliche und gewöhnliche Weise zu kleiden. Von daher habe ich diese Andacht gewonnen: Da man es mir gebietet, will ich es tun; denn die Tracht hat wenig Bedeutung.«

(175) Jean Reynalde.

(176) Das Urteil erging am 21. November 1526 und schrieb ihnen unter Strafe der Exkommunikation vor, sich der gewöhnlichen Kleidung von Klerikern oder Laien in Kastilien anzupassen (MI Scripta I, 608). Es scheint, daß es demgegenüber bereits ein Kompromiß war, daß sie ihre Kleider nur zu färben brauchten.

»welchen Nutzen diese Inquisitionen bringen. Dem einen hat neulich ein Priester das Sakrament nicht geben wollen, weil er alle acht Tage kommuniziert; und mir machten sie Schwierigkeiten (177). [2] Wir nun wollten wissen, ob man eine Häresie bei uns gefunden hat.« »Nein«, sagt Figueroa, »denn wenn man sie fände, würde man euch verbrennen.« »Auch euch würde man verbrennen«, sagt der Pilger, »wenn man eine Häresie bei euch fände.« [3] Sie färben ihre Kleider, wie es ihnen geboten wird. Und fünfzehn oder zwanzig Tage darauf gebietet der Figueroa dem Pilger, er solle nicht unbeschuht gehen, sondern Schuhe tragen. Und so tut er es ruhig wie in allen Dingen dieser Art, die man ihm gebot.

[4] Vier Monate darauf führte derselbe Figueroa erneut Untersuchungen über sie durch, und außer den üblichen Gründen war – glaube ich – auch ein Anlaß, daß eine verheiratete und vornehme Frau besondere Verehrung für den Pilger hatte.

Erinnern, was mir Bustamante erzählt hat (178).

Und um nicht gesehen zu werden, kam sie verschleiert, wie man es in Alcalá de Henares zu tun pflegt, in der Morgendämmerung zum Spital. Und

---

(177) Nach MI FN I, 173 bat Ignatius den Kanonikus der St. Justus-Kirche Dr. Alfonso Sánchez, mehrere Hostien zu konsekrieren. Dieser weigerte sich zuerst, stimmte dann aber zu und lud Ignatius und seine Gefährten sogar zum Essen in sein Haus ein.

(178) Worauf sich die Bemerkung bezieht, ist nicht auszumachen. Bartolomé Bustamante war vor seinem Eintritt in die Gesellschaft Jesu Sekretär des Erzbischofs von Toledo und später Sekretär von Francisco de Borja, als dieser das Amt des Kommissars für Spanien hatte.

beim Eintritt nahm sie die Bedeckung ab und ging zum Zimmer des Pilgers. [5] Aber auch dieses Mal taten sie ihnen nichts; und auch nach der Durchführung des Prozesses riefen sie sie nicht, noch sagten sie etwas (179).

60 Weitere vier Monate darauf, als er bereits in einer Hütte außerhalb des Spitals war, kommt eines Tages ein Gerichtsdiener an seine Tür, ruft ihn und sagt: »Kommt ein wenig mit mir.« [2] Und er ließ ihn im Gefängnis und sagt ihm: »Geht von hier nicht hinaus, bis euch etwas anderes bestimmt wird.« [3] Dies war zur Sommerzeit; und er wurde nicht streng gehalten, und so kamen viele, ihn zu besuchen (180).

---

(179) Der Prozeß fand am 6. März 1527 statt (MI Scripta I, 608–610).

(180) Diego Laínez berichtet, Iñigo habe die Zeit im Gefängnis damit verbracht, »über die Dinge Gottes nachzudenken und zu erbauen mit dem Beispiel und der Übung, das Gefängnis zu kehren, und anderen ähnlichen Dingen« (MI FN I, 94). In der Biographie von DANIEL BARTOLI, *Della vita e dell'Instituto di S. Ignatio*, Rom 1659, 83, heißt es: »Unter anderen, die kamen, ihn zu hören, war einer Jorge Naveros, zu der Zeit erster Lektor für Heilige Schrift in Alcalá, ein seines großen Urteils und seiner christlichen Frömmigkeit wegen hochgeschätzter Mann. Dieser blieb, als er ihn hörte, so gefesselt und begeistert, daß er, ohne es zu merken, die Stunde der Vorlesung verpaßte; als er deshalb in Eile zur Universität lief und auf die Studenten traf, die ihn im Hof erwarteten, brach er mit dem Gesicht eines Menschen, der fast außer sich vor Staunen war, in diesen Ruf aus: ›*Ich habe Paulus in Fesseln gesehen.*‹«

Mª (181) war einer; und er war Beichtvater.

Und er tat dasselbe wie frei: in der Lehre unterweisen und Übungen geben. [4] Nie wollte er einen Advokaten oder Prokurator nehmen, obwohl sich viele anboten. [5] Er erinnert sich besonders an Doña Teresa de Cárdenas (182), die ihm Besuch schickte und ihm viele Male Angebote machte, um ihn von dort herauszuholen. [6] Aber er nahm nichts an und sagte immer: »Derjenige, um dessen Liebe willen ich hier hineingekommen bin, wird mich herausholen, wenn ihm damit gedient ist.«

61 Siebzehn Tage war er im Gefängnis (183), ohne

---

(181) Gemeint ist wohl Manuel Miona; er stammte aus Portugal und war sowohl in Alcalá wie später in Paris der Beichtvater für Iñigo. Aus Venedig schreibt ihm Ignatius am 16. November 1536 einen Brief, um ihm die Geistlichen Übungen zu empfehlen als »das Allerbeste [...], was ich in diesem Leben denken, verspüren und verstehen kann, sowohl dafür, daß sich der Mensch selber nützen kann, wie dafür, Frucht bringen und vielen anderen helfen und nützen zu können« (Brief 10 [BU, 33]. Miona trat 1545 in die Gesellschaft Jesu ein, in der er 1567 starb.

(182) Doña Teresa Enríquez, verheiratet mit Gutierre de Cárdenas; sie war wegen ihrer Freigebigkeit für die Armen und ihrer Andacht zum Altarssakrament bekannt.

(183) Nach den Prozeßakten hat Figueroa Iñigo am 18. Mai verhört, was 30 Tage nach Beginn der Haft wären; vielleicht hatte schon vorher ein Verhör stattgefunden. Vom Verhör am 18. Mai heißt es: »Er ließ den genannten Iñigo vor sich erscheinen und sagte, daß er gut wisse, wie er ihm vor dem letztvergangenen Weihnachten vor mir, dem unterschreibenden Notar, befahl und befohlen habe, daß er keine Leuteversammlung halte, die man Konventikel nennt, um irgend jemanden zu belehren oder zu unterweisen, wie es in dem genannten Befehl enthalten ist.

daß man ihn verhörte oder er den Grund davon erfahren hätte. An deren Schluß kam Figueroa zum Kerker und verhörte ihn über viele Dinge; er fragte ihn sogar, ob er den Sabbat halten lasse (184). [2] Und ob er zwei bestimmte Frauen kenne; es waren eine Mutter und eine Tochter. Und dazu sagte er: »Ja.« [3] Und ob er von ihrem Aufbruch gewußt habe, bevor sie aufbrachen. Und er sagte: »Nein«, bei dem Eid, den er auf sich genommen hatte. [4] Und da legte ihm der Vikar mit Zeichen von Freude die Hand auf die Schulter und sagte: »Das war der Grund, weshalb ihr hierher gekommen seid.« [5] Unter den vielen Personen, die dem Pilger folgten, gab es eine Mutter und eine Tochter (185), beide Witwen, und die Tochter sehr jung und sehr schön; und sie waren sehr in den Geist

---

Und der genannte Iñigo erfülle es nicht, vielmehr habe er dagegen verstoßen. Er mache ihn dafür verantwortlich wie einen, der ungehorsam gegen die Gebote der heiligen Mutter Kirche sei. Wenn er irgendeine Begründung oder eine Entschuldigung habe, solle er sie nennen und anführen, und er sei bereit, sie anzuhören. Darauf antwortete er, er habe es ihm befohlen nicht in der Weise eines Gebots; wenn darüber einige Worte gefallen seien, dann in der Weise eines Rates; er erinnere sich nicht an sie.« (MI Scripta I, 618)

(184) Gemeint ist, ob er jüdische Gebräuche verbreite. Polanco berichtet Iñigos Antwort: »An Samstagen empfehle ich besondere Andacht zur seligsten Jungfrau; andere Observanzen am Samstag kenne ich nicht, und in meiner Heimat pflegen auch keine Juden zu sein.« (MI FN II, 548) Später hat Ignatius einmal geäußert, er würde es als eine besondere Gnade unseres Herrn ansehen, wäre er jüdischer Abstammung, weil dies eine leibliche Verwandtschaft mit Christus und Maria bedeutete (MI FN II, 476).

(185) María del Vado und ihre Tochter Luisa Velázquez.

eingedrungen, *vor allem* die Tochter. [6] Und so sehr, daß sie, obwohl sie vornehm waren, zu Fuß zur Veronika von Jaén (186) aufgebrochen waren – und ich weiß nicht, ob bettelnd – und allein. Und dies bewirkte viel Aufsehen in Alcalá. [7] Und Dr. Ciruelo (187), der sie etwas unter seinem Schutz hatte, dachte, der Gefangene habe sie verleitet, und deshalb ließ er ihn gefangennehmen. [8] Als nun der Gefangene sah, was der Vikar gesagt hatte, sagte er ihm: »Wollt ihr, daß ich ein wenig länger über diesen Stoff spreche?« Er sagt: »Ja.« [9] »Dann sollt ihr wissen«, sagt der Gefangene, »daß diese beiden Frauen mich viele Male damit bedrängt haben, sie wollten durch die ganze Welt ziehen, um den Armen in diesen und in jenen Spitälern zu dienen. [10] Und ich habe sie immer von diesem Vorsatz abgebracht, weil die Tochter so jung und so schön war *usw.* Und ich habe ihnen gesagt, wenn sie Arme besuchen wollten, könnten sie dies in Alcalá tun, und sie könnten das heiligste Sakrament begleiten gehen.« [11] Und als diese Unterredungen zu Ende waren, ging Figueroa mit seinem Notar; er nahm alles schriftlich mit.

62 In jener Zeit war Calixto in Segovia. Und als er von seiner Gefangenschaft hörte, eilte er sogleich herbei, obwohl er erst vor kurzem von einer schweren Krankheit genesen war, und zog zu ihm in den Kerker. [2] Aber er sagte ihm, es wäre besser, sich dem Vikar vorstellen zu gehen. Dieser behandelte ihn freundlich

---

(186) In Jaén wurde – wie auch in Rom – als Reliquie das Schweißtuch der Veronika verehrt.

(187) Pedro de Ciruelo war ein berühmter Professor der Universität, den Francisco Jiménez de Cisneros aus Paris für den Lehrstuhl thomistischer Theologie berufen hatte.

und sagte ihm, er gebiete ihm, in den Kerker zu gehen; denn es sei notwendig, daß er dort sei, bis jene Frauen kämen, um zu sehen, ob sie seine Aussage bestätigten.

[3] Calixto war einige Tage im Kerker; aber als der Pilger sah, daß es seiner körperlichen Gesundheit schadete, weil er noch nicht ganz gesund war, ließ er ihn durch Vermittlung eines Doktors, mit dem er sehr befreundet war, herausholen (188).

[4] Von dem Tag, an dem der Pilger in den Kerker kam, bis daß sie ihn herausholten, vergingen zweiundvierzig Tage. An deren Schluß, als die beiden frommen Frauen bereits gekommen waren, begab sich der Notar zum Kerker, um ihm das Urteil vorzulesen: [5] Er sei frei; und sie sollten sich wie die anderen Studenten kleiden; und innerhalb von vier Jahren, in denen sie mehr studiert hätten, sollten sie nicht von Dingen des Glaubens sprechen (189), denn sie verstünden keine Wissenschaft. [6] Denn tatsächlich war der Pilger der, welcher am meisten davon verstand; und seine Wissenschaft hatte wenig Fundament. Und

---

(188) Während Iñigo für sich selbst keine Hilfe annimmt, sucht er doch seine Gefährten zu schützen.

(189) Es kann nicht Ziel des theologischen Studiums sein, daß die so Ausgebildeten anderen die Verantwortung und Bezeugung des Glaubens abnehmen, sondern umgekehrt daß sie ihnen Umwege und Irrtümer ersparen und sie zu eigener Verantwortung des Glaubens befähigen. Wo die Gläubigen nicht über den Glauben sprechen können oder dürfen, siecht die Kirche dahin. Bei dem späteren Urteil in Salamanca (n. 70) wird der Gruppe zumindest erlaubt werden, weiter wie bisher »von den Dingen Gottes zu sprechen«, aber sie dürften ohne Studium nicht bestimmen, was eine Todsünde und was eine läßliche Sünde sei.

dies war das erste, was er zu sagen pflegte, wenn man ihn verhörte.

63 Mit diesem Urteil (190) war er ein wenig im

---

(190) Das Urteil erging am 1. Juni 1527. Die Einkerkerung muß demnach am 18. oder 19. April stattgefunden haben (Gründonnerstag oder Karfreitag). Der Text des Urteils lautet in den Prozeßakten: »Und nach dem Obengesagten ließ der genannte Herr Vikar in der genannten Stadt Alcalá am ersten Juni des genannten Jahres den genannten Iñigo vor sich erscheinen und sagte, daß er aus gerechten Gründen, die ihn dazu bewegten, welche sich aus dieser Information und anderen sonst ergeben haben, dem genannten Iñigo befahl und befohlen habe, er solle innerhalb der folgenden nächsten zehn Tage die Tracht lassen, die er trage, nämlich ein langes Gewand nach Art eines Bußhemdes, und sich der Tracht anpassen, die die Einwohner dieser Reiche tragen, indem er Kleriker- oder Laientracht annehme, die, welche er vorziehe. Und innerhalb dieser zehn Tage dürfe er, solange er nicht die genannte Tracht angenommen habe, nicht aus dem Haus gehen, wo er weile oder wohne. Des weiteren befahl er ihm, daß er von jetzt an für den Zeitraum von drei vollen Jahren, die ab dem heutigen genannten Tag laufen, niemanden belehre noch unterweise, weder Mann noch Frau, von welchem Stand oder welchem Rang sie auch seien, weder öffentlich noch geheim, indem Leute versammelt werden, auch nicht privat und im einzelnen Personen für sich allein noch auf sonst eine Weise, die es gibt oder geben kann. Er dürfe sich auch für den Zeitraum der genannten vollen drei Jahre nicht darum kümmern, die Gebote zu erklären noch sonst etwas, was unseren heiligen katholischen Glauben betrifft. Und nach Ablauf der genannten drei Jahre solle die Wirkung dieses Befehls andauern, außer wenn der ordentliche Richter und Generalvikar im Geistlichen an dem Ort oder in der Diözese, wo derzeit der genannte Iñigo wohne, ihm die Erlaubnis zum Lehren gebe. Er sagte, daß er dies gebot und geboten habe unter

Zweifel, was er tun sollte. Denn es scheint, man schloß ihm die Tür, den Seelen zu nützen, ohne daß man ihm irgendeinen Grund gab, außer daß er nicht studiert habe. [2] Und schließlich entschied er sich, zum Erzbischof von Toledo, Fonseca (191), zu gehen und die Sache in seine Hände zu legen.

[3] Er brach von Alcalá auf und fand den Erzbischof in Valladolid. Und indem er ihm die Sache, die vorging, getreu erzählte, sagte er ihm: Obwohl er nicht mehr in seinem Jurisdiktionsgebiet sei und nicht verpflichtet sei, sein Urteil einzuhalten, werde er doch tun (192), was er ihm bestimme - wobei er ihn mit »ihr« anredete, wie er es gegenüber allen zu tun pflegte (193). [4] Der Erzbischof nahm ihn sehr gut auf; und als er vernahm, daß er nach Salamanca übergehen wolle, sagte er, daß er auch in Salamanca Freunde und

---

Strafe der Großen Exkommunikation, welcher er *durch die Tat selbst* verfalle, wenn er das Gegenteil tue; und er werde dann für immer aus diesen Reichen verbannt werden.« (MI Scripta I, 621f)

(191) Alonso de Fonseca y Acebedo, Erzbischof von Toledo von 1523 bis zu seinem Tod 1534.

(192) Iñigo hat wohl von seiner höfischen Ausbildung her sehr klare Begriffe vom jeweiligen Geltungsbereich rechtlicher Normen. Es handelt sich hier um eine Selbstverpflichtung, im Unterschied zu n. 47,1 (Jerusalem) und zu n. 70,4-5 (Urteil in Salamanca). In Salamanca wird Iñigo seinen Richtern erklären, daß er ihr Urteil nicht als gerecht annehmen könne und sich nur im Jurisdiktionsgebiet von Salamanca daran halten werde.

(193) Vgl. n. 52,3-5.

ein Kolleg habe, und bot ihm alles an (194). Und er ließ ihm gleich, als er hinausging, vier Escudos geben.

VII. Salamanca

64 Als er, nach Salamanca gekommen, in einer Kirche Gebet hielt, erkannte ihn eine fromme Frau, daß er von der Gesellschaft (195) war; denn die vier Gefährten waren schon seit Tagen dort. Und sie fragte ihn nach seinem Namen und brachte ihn so zur Wohnung der Gefährten.

[2] Als man in Alcalá das Urteil gab, sie sollten sich wie Studenten kleiden, sagte der Pilger: »Als ihr uns geboten habt, die Kleider zu färben, haben wir es getan. Aber dies jetzt können wir nicht tun, weil wir nichts haben, um sie zu kaufen.« [3] Und so hatte der Vikar selbst sie mit Kleidern und Kopfbedeckungen und allem übrigen für Studenten versorgt; und so gekleidet waren sie von Alcalá aufgebrochen.

[4] Er beichtete in Salamanca bei einem Mönch vom hl. Dominikus in St. Stephan. Und es waren zehn oder zwölf Tage, daß er angekommen war, da sagte ihm eines Tages der Beichtvater: »Die Patres des Hauses wollten mit euch sprechen.« Und er sagte: »In Gottes Namen.« [5] »Nun,« sagte der Beichtvater, »es wird gut sein, daß ihr am Sonntag zum Essen hierher kommt. Aber auf eines weise ich euch hin: Sie werden von euch viele Dinge wissen wollen.«

---

(194) Fonseca hatte in Salamanca das Colegio Mayor de Santiago für arme Studenten gegründet. Iñigo und seine Gefährten scheinen das Angebot nicht angenommen zu haben.

(195) Hier wird das Wort *compañía* zum erstenmal für die Gemeinschaft der Gefährten gebraucht.

[6] Und so kam er am Sonntag mit Calixto. Und nach dem Essen ging der Subprior, in Abwesenheit des Priors (196), mit dem Beichtvater und – ich glaube – einem anderen Mönch mit ihnen in eine Kapelle. [7] Und der Subprior begann mit guter Leutseligkeit zu sagen, wie gute Nachrichten sie von ihrem Leben und ihren Gewohnheiten hätten, daß sie nach der Weise der Apostel predigend gingen, und sie würden sich freuen, von diesen Dingen mehr im einzelnen zu erfahren. [8] Und so begann er zu fragen, was es sei, das sie studiert hätten. Und der Pilger antwortete: »Von uns allen bin ich der, der am meisten studiert hat.« Und er gab ihm klar Bescheid, wie wenig er studiert habe und mit wie geringem Fundament.

65 »Nun, was ist es dann, was ihr predigt?« »Wir«, sagte der Pilger, »predigen nicht, sondern sprechen mit einigen vertraut über Dinge Gottes, etwa nach dem Essen mit einigen Personen, die uns rufen.« [2] »Doch«, sagt der Mönch, »von was für Dingen Gottes sprecht ihr? Denn das wollten wir wissen.« [3] »Wir sprechen,« sagt der Pilger, »bald von der einen Tugend, bald von der anderen, und dies lobend; bald von dem einen Laster, bald von dem anderen, und tadelnd.« [4] »Ihr seid nicht wissenschaftlich ausgebildet,« sagt der Mönch, »und sprecht von Tugenden und von Lastern. Und davon kann niemand außer auf eine von zwei Weisen sprechen: entweder durch Wissenschaft oder durch den Heiligen Geist. Nicht durch Wissenschaft. *Also* durch Heiligen Geist.

(196) Im Jahr 1527 war Prior Fray Diego de San Pedro, Subprior Fr. Nicolás de Santo Tomás.

Und dies, was vom Heiligen Geist ist, ist es, was wir wissen wollten.«

[5] Hier stutzte der Pilger ein wenig; es schien ihm jene Weise zu argumentieren nicht gut. Und nachdem er ein wenig geschwiegen hatte, sagte er, es sei nicht notwendig, länger von diesen Stoffen zu sprechen. [6] Der Mönch beharrte: »Nun, wo es jetzt so viele Irrtümer von Erasmus (197) und so vielen anderen gibt, die die Welt getäuscht haben, wollt ihr nicht erklären, was ihr sagt?«

66 Der Pilger sagte: »Pater, ich werde nicht mehr sagen, als ich gesagt habe, außer vor meinen Oberen, die mich dazu verpflichten können.« [2] Vorher hatte er gefragt, warum Calixto so gekleidet kam; denn er trug einen kurzen Rock und einen großen Hut auf dem Kopf und einen Stab in der Hand und Stiefel bis zum halben Bein; und da er sehr groß war, erschien er noch unförmiger. [3] Der Pilger erzählte ihm, wie sie in Alcalá gefangengenommen worden seien und man ihnen geboten habe, sich als Studenten zu kleiden, und dieser sein Gefährte habe wegen der großen Hitze seinen Umhang einem armen Kleriker gegeben. [4] Hier sagte der Mönch wie zwischen den Zähnen, indem er

---

(197) Ungefähr zur gleichen Zeit fand vom 27. Juni bis 13. August 1527 in Valladolid eine vom Generalinquisitor Alonso Manrique, Erzbischof von Sevilla, zusammengerufene Theologenkonferenz statt, die 21 Sätze aus den Werken von Desiderius Erasmus von Rotterdam (ca. 1466 - 1536) untersuchen sollte. Dominikaner und Franziskaner waren die Hauptgegner von Erasmus. Wahrscheinlich nahm auch der Prior des Klosters von Salamanca daran teil.

sein Mißfallen zu erkennen gab: »*Die Liebe beginnt bei sich selber.*«

[5] Um also zur Geschichte zurückzukehren: Da der Subprior kein anderes Wort außer jenem aus dem Pilger herausholen konnte, sagte er: »Dann bleibt also hier; wir werden schon veranlassen, womit ihr alles sagt.« [6] Und so gehen alle Mönche mit einiger Eile. [7] Als der Pilger zuvor fragte, ob sie wollten, daß sie in jener Kapelle blieben, oder wo sie wollten, daß er bliebe, antwortete der Subprior, sie sollten in der Kapelle bleiben. [8] Sogleich ließen die Mönche alle Türen schließen und verhandelten, wie es scheint, mit den Richtern.

[9] Die beiden blieben noch drei Tage im Kloster, ohne daß man ihnen von seiten der Justiz etwas sagte; sie aßen im Refektorium mit den Mönchen. [10] Und fast immer war ihr Zimmer voll von Mönchen, die sie zu sehen kamen. Und der Pilger sprach immer von dem, was er gewohnt war, so daß unter ihnen bald schon wie eine Spaltung war; denn es gab viele, die sich zugeneigt zeigten.

67 Am Schluß der drei Tage kam ein Notar und brachte sie zum Kerker. Und man verlegte sie nicht zu den Übeltätern unten, sondern in einen oberen Raum, wo es viel Schmutz gab, weil die Sache alt und unbewohnt war. [2] Und man legte beide an ein und dieselbe Kette, jeden mit seinem Fuß. [3] Und die Kette war an einem Pfosten festgemacht, der in der Mitte des Hauses war, und sie war etwa zehn oder dreizehn Spannen lang. Und jedesmal, wenn der eine etwas vorhatte, mußte der andere ihn begleiten. [4] Und jene ganze Nacht blieben sie wachend.

[5] Am Tag darauf, als man in der Stadt von seiner Gefangenschaft erfuhr, schickte man ihnen zum

Kerker, worauf sie schlafen könnten, und reichlich alles Notwendige. Und immer kamen viele sie besuchen; und der Pilger setzte seine Übungen fort, von Gott zu sprechen *usw.*

6 Der Bakkalaureus Frías kam zu ihnen, um jeden für sich zu verhören, und der Pilger gab ihm alle seine Papiere: Es waren die Übungen, damit man sie überprüfe. 7 Und als er sie fragte, ob sie Gefährten hätten, sagten sie »ja« und wo sie wären. Und dann begab man sich auf Geheiß des Bakkalaureus dorthin, und man brachte Cáceres und Arteaga zum Kerker und ließ Juanico, der später Mönch wurde. 8 Doch man legte sie nicht nach oben zu den beiden, sondern nach unten, wo die gewöhnlichen Gefangenen waren. Hier wollte er noch weniger einen Advokaten oder Prokurator nehmen.

68 Und einige Tage danach wurde er vor vier Richter gerufen, die drei Doktoren Santisidoro, Paravinhas und Frías, und der vierte der Bakkalaureus Frías (198); und sie alle hatten bereits die Übungen angeschaut. 2 Und hier fragten sie sie viele Dinge, nicht nur über die Übungen, sondern auch aus der Theologie, *zum Beispiel* über die Dreifaltigkeit und das Sakrament, wie er diese Artikel verstand. Und er machte zuerst seine Vorrede (199). 3 Und als es ihm doch von den Richtern geboten wurde, redete er auf solche Weise, daß sie ihn nicht zu tadeln hatten. 4 Der

---

(198) Wahrscheinlich Dr. Hernán Rodríguez de San Isidro, Lic. Alonso Gómez de Paradinas, Dr. Francisco de Frías sowie Sancho González de Frías; vgl. BENIGNO HERNÁNDEZ MONTES, *Identidad de los personajes que juzgaron a San Ignacio en Salamanca*, in: AHSJ 52 (1983) 3–50.

(199) Vgl. n. 62,6.

Bakkalaureus Frías, der sich in diesen Dingen immer mehr als die anderen hervortat, fragte ihn auch einen Kasus aus dem Kirchenrecht. [5] Und er wurde auf alles zu antworten verpflichtet; er sagte immer zuerst, er wisse nicht, was die Doktoren über jene Dinge sagten.

[6] Danach geboten sie ihm, das erste Gebot auf die Weise zu erklären, wie er es zu erklären pflegte. Er begann, es zu tun, und hielt sich solange dabei auf und sagte über das erste Gebot so viele Dinge, daß sie keine Lust hatten, ihn nach mehr zu fragen (200).

[7] Davor, als sie über die Übungen sprachen, bestanden sie sehr auf einem einzigen Punkt, der in ihnen am Anfang stand: Wann ein Gedanke läßliche Sünde ist und wann er Todsünde ist (201). [8] Und das Problem war, weil er dies bestimmte, obwohl er nicht wissenschaftlich gebildet war. [9] Er antwortete: »Ob dies Wahrheit ist oder nicht, entscheidet es doch; und wenn es nicht Wahrheit ist, verurteilt es.« Und am Schluß gingen sie weg, ohne etwas zu verurteilen.

69 Unter vielen, die zum Kerker kamen, um mit ihm zu sprechen, kam einmal Don Francisco de Mendoza (202), der jetzt Kardinal von Burgos heißt, und er

---

(200) In vorangehenden Prozeßakten von Alcalá heißt es zusammenfassend: »Der genannte Ignatius lehrt und spricht über die Gebote, und insbesondere der Liebe zu Gott über alle Dinge und des Nutzens für den Nächsten.« (MI FD, 345) Ignatius hat wohl im Hauptgebot die grundlegende Erfüllung aller einzelnen Gebote gesehen; die Reaktion seiner Richter scheint darin zu bestehen, keine Lust dazu zu haben, sich existentiell in Frage stellen zu lassen.

(201) Vgl. GÜ 32–42.

(202) Francisco de Mendoza y Bobadilla (1508–1566), damals ein 19jähriger Student. 1545 wurde er als Bischof von Coria Kardinal und übernahm 1550 das Bistum Burgos.

kam mit dem Bakkalaureus Frías. [2] Als er ihn vertraut fragte, wie er sich im Gefängnis befinde und ob es ihn ärgere, gefangen zu sein, antwortete er ihm: »Ich werde das antworten, was ich heute einer Frau geantwortet habe, die Worte des Mitleids sagte, weil sie mich gefangen sah. [3] Ich sagte ihr: ›Damit zeigt ihr, daß ihr kein Verlangen habt, aus Liebe zu Gott gefangen zu sein. Denn ein so großes Übel scheint euch, sei die Gefangenschaft? Nun, ich sage euch, daß es nicht so viele Fußeisen und Ketten in Salamanca gibt, daß ich nicht aus Liebe zu Gott nach mehr verlange.‹«

[4] Es geschah in dieser Zeit, daß die Gefangenen alle aus dem Kerker flohen; und die beiden Gefährten, die bei ihnen waren, flohen nicht (203). [5] Und als man sie am Morgen bei offenen Türen fand, und sie allein ohne irgend jemand, bewirkte dies bei allen viel Erbauung, und es machte viel Aufsehen in der Stadt. Und so gab man ihnen dann einen ganzen Palast, der dort in der Nähe war, als Gefängnis.

70 Nach zweiundzwanzig Tagen, die sie gefangen waren, rief man sie, das Urteil zu hören. Es besagte, daß sich kein Irrtum fand, weder in Leben noch in Lehre. [2] Und so könnten sie tun, was sie zuvor taten, in der Lehre unterweisen und von Dingen Gottes sprechen; nur dürften sie nie festlegen: Dies ist Todsünde oder dies läßliche Sünde (204), bevor nicht vier Jahre vergangen seien, in denen sie mehr studiert hätten. [3] Nach der Verlesung dieses Urteils zeigten die Richter viel Liebe, wie als wollten sie, daß es angenommen werde. [4] Der Pilger sagte, er werde alles tun,

---

Er wurde ein großer Freund der Gesellschaft Jesu.

(203) Vgl. Apg 16,23–34.

(204) Vgl. GÜ 35–42.

was das Urteil gebiete, aber er nehme es nicht an (205). Denn ohne ihn in irgendeiner Sache zu verurteilen, schließe man ihm den Mund, daß er nicht, worin er könne, den Nächsten helfe. [5] Und so sehr auch Dr. Frías, der sich sehr zugeneigt zeigte, darauf bestand, sagte der Pilger nur, solange er im Jurisdiktionsgebiet von Salamanca sei, werde er tun, was ihm geboten werde.

[6] Sie wurden sogleich aus dem Kerker herausgeholt; und er begann, Gott das zu empfehlen und darüber nachzudenken, was er tun müsse. [7] Und er fand große Schwierigkeit, in Salamanca zu bleiben. Denn um den Seelen zu nützen, schien ihm die Tür verschlossen mit jenem Verbot, in bezug auf Tod- oder läßliche Sünde etwas festzulegen.

71 Und so entschied er sich, zum Studieren nach Paris zu gehen (206).

[2] Als der Pilger in Barcelona sich darüber beriet, ob und wieviel er studieren solle, war seine ganze Sache, ob er, nachdem er studiert hätte, in einen Orden eintreten oder ob er so durch die Welt ziehen solle. [3] Und

---

(205) Iñigo unterscheidet zwischen der formalen Gültigkeit und der Gerechtigkeit des Urteils. Letztere bestreitet er. Vgl. n. 63,1-3.

(206) Juan de Polanco nennt außer dem Urteil als weitere Motive für die Entscheidung, nach Paris zu gehen: »Er war dazu auch dadurch bewogen, sich vollständiger dem Studium zu widmen, da er kein Französisch konnte, um sich dem Nächsten mitzuteilen; auch hatte er als hauptsächliche Absicht, in jener Universität Leute zu gewinnen, wenn Gott unser Herr einige bewegen wollte, in deren Gesellschaft er sich dem göttlichen Dienst in der Weise, die er als die für ihn angebrachteste beurteilte, hingeben könnte.« (MI FN I, 177)

wenn ihm Gedanken kamen, in einen Orden einzutreten, dann kam ihm das Verlangen, in einen heruntergekommenen und wenig reformierten Orden einzutreten – wenn er schon in einen Orden eintreten solle –, um mehr in ihm zu erleiden; [4] und er dachte auch, daß Gott ihnen vielleicht helfen würde. Und Gott gab ihm ein großes Vertrauen ein, er werde die Anfeindungen und Beleidigungen, die man ihm antun würde, gut ertragen.

[5] Da ihm nun in dieser Zeit der Gefangenschaft in Salamanca das gleiche Verlangen nicht fehlte, das er hatte, den Seelen zu nützen und zu diesem Zweck zuerst zu studieren und einige mit dem gleichen Vorsatz zu sammeln und die zu bewahren, die er bereits hatte, [6] und er entschlossen war, nach Paris zu gehen, verabredete er mit ihnen, sie sollten dort warten, und er würde gehen, um zu sehen, ob er eine Weise finde, daß sie studieren könnten.

72 Viele Personen von Bedeutung bedrängten ihn sehr, nicht wegzugehen, aber sie konnten nichts bei ihm erreichen. Vielmehr brach er, fünfzehn oder zwanzig Tage nachdem er das Gefängnis verlassen hatte, allein auf (207). Er nahm einige Bücher auf einem Eselchen mit.

[2] Und als er nach Barcelona gekommen war, rieten ihm alle, die ihn kannten, wegen der damaligen großen Kriege von der Weiterreise nach Frankreich ab; sie erzählten ihm sehr besondere Beispiele und sagten ihm sogar, daß man die Spanier auf Bratroste

(207) Der gesamte Aufenthalt in Salamanca hat nur von Mitte Juli bis Mitte September 1527 gedauert.

lege (208). Aber er hatte niemals irgendeine Art von Furcht.

VIII. Paris

73 Und so brach er nach Paris auf, allein und zu Fuß, und kam ungefähr im Monat Februar nach Paris (209). Und wie er mir erzählt, war dies das Jahr

---

(208) In der lateinischen Übersetzung heißt es: »daß die Spanier von den Franzosen mit Bratspießen durchbohrt würden« (MI FN I, 465). Vgl. Fußn. 147.

(209) Nach seinem Brief an Agnès Pascual vom 3. März 1528 (MI Epp. I, 74) kam Ignatius am 2. Februar 1528 in Paris an. Paris war damals mit ungefähr 300.000 Einwohnern eine der größten europäischen Städte. Die Universität war die angesehenste der Welt; und das Studiensystem, der *Modus parisiensis*, war Vorbild für viele andere Universitäten wie auch für die spätere Studienordnung der Gesellschaft Jesu (vgl. Satzungen der Gesellschaft Jesu, Teil IV). Nach der humanistischen Ausbildung begannen die Studenten mit dem Philosophiekurs (*Artes*) und konnten erst danach zu einer der drei höheren Fakultäten (Theologie, Jurisprudenz, Medizin) übergehen. Die etwa vier- oder fünftausend Studenten teilten sich in vier »Nationen« auf: die normannische, die picardische, die englische und die französische; zu letzterer gehörten auch Italiener, Spanier und Portugiesen. Die Vorlesungen fanden in den fünfzig bis sechzig Kollegien auf Latein statt. Ignatius schreibt im September 1539 aus Rom an seinen Neffen Beltrán, dessen Bruder Emilián sich mit der Absicht zu studieren trug: »Und wenn mein Urteil irgendeinen Wert hat, würde ich ihn nicht woandershin als nach Paris schicken. Denn in wenigen Jahren werdet Ihr ihn mehr Fortschritte machen lassen als in vielen weiteren Jahren an einer anderen Universität. Und zudem ist es ein Land, wo die Studierenden mehr Ehrbarkeit und Tugend wahren.« (Brief 20 [BU, 53]) In einem vorangehenden Brief

1528 oder 1527.

Als er in Alcalá gefangen war, wurde der Prinz von Spanien geboren (210); und von daher kann man die Berechnung des Ganzen machen, *auch* des Bisherigen.

[2] Er nahm Wohnung in einem Haus mit einigen Spaniern und ging in Montaigu (211) die humanistischen Fächer studieren. [3] Und der Grund war, weil man ihn in den Studien mit solcher Eile hatte weitergehen lassen, daß er sich sehr ohne Fundamente fand; und er studierte mit den Kindern, indem er sich nach der Ordnung und Weise von Paris richtete.

[4] Für einen Schein aus Barcelona gab ihm ein Kaufmann, gleich als er in Paris ankam, fünfundzwanzig Escudos, und diese gab er einem der Spanier in jener Wohnung zum Aufbewahren, welcher es in kurzer Zeit ausgab und nichts hatte, um ihm zurückzuzahlen. [5] Und so hatte der Pilger, als die Fastenzeit vorbei

---

an seinen Bruder Martín nennt Ignatius auch die Summe von 50 Dukaten als jährliche Studien- und Aufenthaltskosten (Brief 3 [BU, 4]; vgl. auch Fußn. 269).

(210) Felipe II. wurde am 21. Mai 1527 in Valladolid geboren.

(211) Das Kolleg Montaigu war Anfang des 14. Jahrhunderts vom Erzbischof von Rouen, Gilles Aycelin de Montaigu, gegründet worden und hatte von 1483 an unter der Leitung von Jan Standonck eine sehr strenge Ausrichtung erhalten. In ihm haben auch Erasmus, Calvin und der später in Löwen und Oxford lehrende spanische Humanist Juan Luis Vives studiert. Zum Studienplan vgl. PAUL DUDON, *Saint Ignace*, Paris 1934, 633f. Iñigo wiederholt 1528–1529 seine humanistischen Studien, die er in Barcelona mit ihm nicht genügenden Erfolg begonnen hatte.

war (212), nichts mehr von ihnen, sowohl weil er selber Ausgaben hatte als auch aus dem oben genannten Grund. Und er war gezwungen, zu betteln und sogar das Haus, wo er war, zu verlassen.

74 Und er wurde in das Spital St. Jakobus aufgenommen, das noch jenseits der Unschuldigen Kinder (213) liegt. [2] Er hatte große Beschwerden für das Studium, weil das Spital eine gute Strecke vom Kolleg Montaigu entfernt lag und man, um das Tor offen zu finden, zum Avemaria-Läuten zurückkommen mußte und nur bei Tag ausgehen konnte. Und so konnte er nicht so gut an seinen Vorlesungen teilnehmen. [3] Ein weiteres Hindernis war auch das Almosen-Erbitten für seinen Unterhalt.

Es waren schon fast fünf Jahre, daß er keine Magenschmerzen mehr hatte, und so begann er, sich größere Bußübungen und Enthaltungen aufzuerlegen. [4] Nachdem er einige Zeit mit einem solchen Leben im Spital und dem Betteln verbracht hatte und sah, daß er in der Wissenschaft wenig vorankam, begann er nachzudenken, was er tun solle. Und da er sah, daß es einige gab, die in den Kollegien einigen Regenten dienten und Zeit zum Studieren hatten, entschied er sich, einen Dienstherrn zu suchen.

75 Und er machte bei sich diese Überlegung und diesen Vorsatz, in welchem er Tröstung fand: Er stellte sich vor, der Magister sei Christus, und einem der

---

(212) Ostern fiel 1528 auf den 12. April.

(213) Jenseits von Kirche und Friedhof mit diesem Namen. Das Spital war von der Bruderschaft der Pilger nach Santiago de Compostela gegründet worden und lag an der heutigen Straße Saint Denis. Um von dort zum Kolleg Montaigu zu gehen, mußte Iñigo die Seine überqueren und einen Fußweg von etwa 3 km zurücklegen.

Studenten würde er den Namen »hl. Petrus« geben und einem anderen »hl. Johannes«, und so bei einem jeden der Apostel. [2]»Und wenn mir der Magister gebietet, werde ich denken, Christus gebietet mir; und wenn mir ein anderer gebietet, werde ich denken, der hl. Petrus gebietet mir.« [3] Er unternahm vieles, um einen Herrn zu finden. Zum einen sprach er mit dem Bakkalaureus Castro (214) und mit einem Kartäusermönch, der viele Magistri kannte, und mit anderen; aber nie war es möglich, daß sie ihm einen Dienstherrn gefunden hätten.

76 Und am Schluß, da er keine Abhilfe fand, sagte ihm ein spanischer Mönch, es wäre besser, jedes Jahr nach Flandern zu gehen und zwei Monate oder sogar weniger zu verlieren, um von dort mitzubringen, wovon er das ganze Jahr studieren könne. Und dieses Mittel schien ihm, nachdem er es Gott empfohlen hatte, gut.

[2] Und indem er diesem Rat folgte, brachte er jedes Jahr aus Flandern soviel mit, daß er einigermaßen durchkam. Und einmal fuhr er auch nach England über und brachte mehr Almosen mit, als er in den anderen Jahren gewohnt war (215).

---

(214) Juan Castro (1485–1556) aus Burgos trat später in die Kartause Vall de Cristo in Valencia ein, wo ihn Ignatius 1535 (vgl. n. 90,3) besuchte.

(215) Diese Reisen lagen in der Fastenzeit 1529 und im August und September der Jahre 1530 und 1531; die letzte war die Englandreise. Das Ziel war, Unterstützung von spanischen Kaufleuten zu erlangen (vgl. auch MI FN I, 179; II, 556–558). Polanco berichtet, Ignatius sei in Brügge in der Fastenzeit mit anderen bei dem Humanisten Juan Luis Vives eingeladen gewesen (vgl. MI FN II, 557). Nach den drei Jahren waren diese Reisen nicht mehr nötig, »weil man ihm von dort das Almosen schickte, mit dem,

77 Als er das erste Mal aus Flandern zurückkam, begann er sich intensiver, als er gewohnt war, geistlichen Gesprächen zu widmen, und gab zu fast gleicher Zeit dreien die Übungen, nämlich Peralta (216) und dem Bakkalaureus Castro, der an der Sorbonne war, und einem Mann aus der Vizcaya, der in St. Barbara war, namens Amador (217). [2] Diese machten große Veränderungen, und dann gaben sie alles, was sie hatten, Armen, *auch* die Bücher, und begannen, durch Paris Almosen zu erbitten; und sie nahmen Wohnung im Spital St. Jakobus, wo vorher der Pilger gewesen war, aber wo er bereits aus den oben genannten Gründen ausgezogen war. [3] Dies bewirkte große Unruhe in der Universität, weil die beiden ersten herausragende und sehr bekannte Personen waren. [4] Und sogleich begannen die Spanier, mit den beiden Magistri zu kämpfen; und da sie sie nicht mit vielen Gründen und Überredungskünsten gewinnen konnten, zur Universität zu kommen, gingen eines Tages viele mit bewaffneter Hand los und holten sie aus dem Spital.

78 Und man brachte sie zur Universität und kam zu dieser Übereinkunft: Erst wenn sie ihre Studien beendet hätten, dann sollten sie ihre Vorsätze durchführen.

[2] Der Bakkalaureus Castro kam danach nach Spanien und predigte eine Zeitlang in Burgos und wurde Kartäusermönch in Valencia.

---

zusammen mit einem anderen, das man aus Spanien schickte, er genug hatte für seinen eigenen Unterhalt und sogar zur Hilfe für andere« (MI FN I, 179).

(216) Pedro de Peralta stammte aus der Diözese Toledo, wo er später Kanoniker und ein berühmter Prediger wurde. Er blieb Ignatius und der Gesellschaft Jesu sehr gewogen.

(217) Amador de Elduayen stammte wie Iñigo aus der Diözese Pamplona.

[3] Peralta brach zu Fuß und pilgernd nach Jerusalem auf. Auf diese Weise wurde er in Italien von einem Hauptmann ergriffen, einem Verwandten von ihm, der Mittel hatte, ihn zum Papst zu bringen, und dafür sorgte, daß dieser ihm gebot, nach Spanien zurückzukehren. [4] Diese Dinge geschahen nicht gleich, sondern einige Jahre später.

[5] In Paris erhob sich, *vor allem* unter Spaniern, großes Gerede gegen den Pilger. Und Unser Magister de Gouvea (218) sagte, er habe Amador, der in seinem Kolleg war, verrückt gemacht; er beschloß und sagte es auch: Das erstemal, daß er nach St. Barbara käme, werde er ihm als einem Verführer der Studenten einen »Saal« (219) geben lassen.

79 Der Spanier, in dessen Gesellschaft er am Anfang gewesen war und der ihm die Gelder ausgegeben hatte (220), ohne sie ihm zurückzuzahlen, brach über Rouen nach Spanien auf. Und während er in Rouen auf die Weiterreise wartete, wurde er krank. [2] Und als er so krank war, erfuhr es der Pilger durch einen Brief von ihm, und es kam ihm das Verlangen, ihn besuchen zu gehen und ihm zu helfen. Und er dachte auch, er

---

(218) Der Portugiese Diego de Gouveia (1471–1557) mietete 1520 das St. Barbara-Kolleg und leitete es bis 1548. Später hat er sich um die Aussendung der ersten Jesuiten nach Indien bemüht (vgl. MI FN II, 379–382). Die Theologieprofessoren trugen den Titel *Magister noster*.

(219) Diese Strafe bestand darin, einen Studenten abzufangen und in einem abgeschlossenen Saal in Gegenwart der Kommilitonen von einigen Professoren auspeitschen zu lassen; die Drohung wurde nicht ausgeführt, sondern nach einem Gespräch mit Iñigo bat Diego de Gouveia diesen kniend um Verzeihung (vgl. MI FN II, 382–384, 437f).

(220) Vgl. n. 73,4.

werde ihn unter diesen Umständen gewinnen können, die Welt zu verlassen und sich ganz dem Dienst Gottes zu übergeben. (221)

[3] Und um dies erreichen zu können, kam ihm das Verlangen, jene achtundzwanzig Meilen (222), die es von Paris nach Rouen sind, zu Fuß, ohne Schuhe zu gehen, ohne zu essen oder zu trinken. Und indem er darüber betete, fand er sich sehr angstvoll. [4] Am Schluß ging er nach St. Dominikus, und dort entschloß er sich, auf die genannte Weise zu gehen; und diese große Angst, die er hatte, Gott zu versuchen (223), war bereits vorüber.

[5] Am Tag darauf, am Morgen, an dem er aufbrechen mußte, erhob er sich zu früher Stunde (224). Und als er sich anzukleiden begann, kam ihm eine so große Furcht, daß es ihm fast schien, sich nicht ankleiden zu können. [6] Dennoch verließ er mit diesem Widerwillen das Haus und auch die Stadt, bevor es richtig Tag wurde. [7] Doch die Angst dauerte immer bei ihm an, und sie blieb bei ihm bis Argenteuil, das eine Ortschaft ist, drei Meilen von Paris Richtung Rouen entfernt. Dort, heißt es, sei das Kleid unseres Herrn. [8] Und als er mit dieser geistlichen Mühsal durch diese Ortschaft gekommen war und auf eine Höhe stieg, begann ihm jene Sache vorüberzugehen, und es kam ihm große Tröstung und geistlicher Mut mit solcher Fröhlichkeit, daß er über jene Felder hin zu schreien und mit Gott zu sprechen begann *usw.* [9] Und er kam an diesem Abend mit einem armen

(221) Von hier ab italienischer Text (vgl. n. *9,7).

(222) Ungefähr 150 km.

(223) Vgl. n. 24.

(224) An einem Tag im August oder September 1529.

Bettler in einem Spital unter, nachdem er an jenem Tag vierzehn Meilen gewandert war. Am Tag darauf konnte er in einer Scheune unterkommen. Am dritten Tag gelangte er nach Rouen, diese ganze Zeit, ohne zu essen oder zu trinken, und ohne Schuhe, wie er bestimmt hatte. [10] In Rouen tröstete er den Kranken und half ihm, ihn auf ein Schiff zu bringen, um nach Spanien zu fahren. Und er gab ihm Briefe und verwies ihn an die Gefährten, die in Salamanca waren, das heißt an Calixto und Cáceres und Arteaga.

80 Und um nicht weiter von diesen Gefährten zu sprechen – es ist ihnen so ergangen:

[2] Als der Pilger in Paris war, schrieb er ihnen oft, wie sie übereingekommen waren, über die geringe Möglichkeit, die es gab, sie zum Studieren nach Paris kommen zu lassen. [3] Er unternahm es jedoch, an Doña Leonor de Mascarenhas (225) zu schreiben, daß sie Calixto mit einem Brief für den Hof des Königs von Portugal helfen solle, damit er eines der Stipendien bekäme, die der König von Portugal in Paris vergab. [4] Doña Leonor gab Calixto den Brief und ein Maultier, auf dem er reisen sollte, und Quattrini für die Ausgaben. [5] Calixto begab sich zum Hof des Königs von Portugal. Aber am Schluß kam er nicht nach Paris. Vielmehr kehrte er nach Spanien zurück und fuhr nach dem Indien des Kaisers (226) mit einer gewissen

(225) Doña Leonor Mascarenhas (1503–1584) war mit der Infantin Isabel nach Spanien gekommen, als diese Karl V. heiratete. Sie war dann Erzieherin für Felipe II. und den Prinzen Don Carlos. Sie erwies sich als große Wohltäterin der Gesellschaft Jesu.

(226) Die von den Spaniern eroberten Gebiete Mittel- und Südamerikas, im Unterschied zum heutigen Indien, das portugiesischem Einfluß unterlag.

geistlichen Dame (227). [6] Und danach wieder nach Spanien zurückgekehrt, fuhr er ein zweites Mal in dasselbe Indien und kehrte dann nach Spanien reich zurück und setzte in Salamanca alle, die ihn früher gekannt hatten, in Erstaunen.

[7] Cáceres kehrte nach Segovia, das seine Heimat war, zurück und begann dort auf eine solche Weise zu leben, daß es schien, er habe seinen früheren Vorsatz vergessen.

[8] Arteaga wurde zum Comendador gemacht. Danach, als die Gesellschaft bereits in Rom war, hat man ihm ein Bistum von Indien gegeben. [9] Er schrieb an den Pilger, er solle es einem von der Gesellschaft geben. Und als er ihm negativ antwortete, begab er sich nach dem Indien des Kaisers, wurde Bischof und starb dort durch einen seltsamen Zufall, nämlich: [10] Als er krank war und es zwei Erfrischungswasserflaschen gab, eine mit Wasser, das ihm der Arzt verordnet hatte, und die andere mit Sublimatwasser (228), das giftig ist, wurde ihm irrtümlich die zweite gegeben, die ihn umbrachte.

81 Der Pilger kehrte von Rouen nach Paris zurück und fand, daß wegen der Dinge, die mit Castro und Peralta geschehen waren, um ihn großes Aufsehen entstanden war und daß der Inquisitor ihn habe vorladen lassen. [2] Aber er wollte nicht länger warten und ging zum Inquisitor und sagte ihm, er habe gehört, daß er ihn

(227) Die Dominikanerterziarin Catalina Hernández aus Salamanca. Da dem königlichen Gerichtshof in Mexico die Verbindung Calixtos mit dieser Frau verdächtig war, wurde diesem auferlegt, sich von ihr zu trennen und sich der Evangelisierung der Eingeborenen zu widmen oder nach Spanien zurückzukehren.

(228) Quecksilberchlorid ($HgCl_2$), ein Antiseptikum.

gesucht habe; er sei bereit für alles, was dieser wolle (jener Inquisitor hieß Magister Noster Ory (229), Mönch vom hl. Dominikus); [3] aber er bitte ihn, er möge es rasch erledigen, denn er beabsichtige, an jenem Tag des hl. Remigius den Philosophiekurs zu beginnen; er würde wollen, daß diese Dinge vorher vorbei wären, um sich besser seinen Studien widmen zu können. [4] Aber der Inquisitor rief ihn nicht mehr, sondern sagte ihm nur, es sei wahr, daß man ihm einiges von ihm berichtet habe, *usw.*

82 Kurze Zeit darauf kam St. Remigius (230), das ist der Anfang Oktober, und er begann, die *Artes* (231)

---

(229) Matthieu Ory war Prior des St. Jakobus-Klosters.

(230) Der 1. Oktober 1529. An diesem Tag begann das akademische Jahr.

(231) Ignatius trat in das St. Barbara-Kolleg ein; er wohnte dort im selben Raum mit Peter Faber und Francisco de Javier. Er begann den *Artes* genannten philosophischen Kurs. Man absolvierte die Artistenfakultät in zwei Phasen: Dem Grundstudium, das mit dem Bakkalaureat abschloß, folgte ein Fortgeschrittenenstudium, das mit dem Lizentiat oder dem Magister, dem höchsten akademischen Grad, beendet wurde. Nominell umfaßte das *Artes*-Studium den Lehrstoff der aus der Antike stammenden Fächergruppe der *Septem artes liberales* (»sieben freie Künste«), nämlich das *Trivium* (Grammatik, Rhetorik, Logik) und das *Quadrivium* (Arithmetik, Geometrie, Astronomie, Musik); faktisch wurde es jedoch ganz von der aristotelischen Philosophie bestimmt. Die Studienanfänger hießen »Summulisten«, weil sie nach den *Summulae logicales* des Petrus Hispanus studierten. Darauf folgte der Kurs der »Logiker«, die sich mit dem aristotelischen Organon (in lateinischer Übersetzung) befaßten: der *Logica vetus* (Einleitung des Porphyrius, Prädikamente oder Kategorien, *De interpretatione*) und der *Logica nova* (die beiden Bücher der *Analytica* über Syllogistik, die *Topica* über

unter einem Magister zu hören, der Magister Juan Peña (232) hieß. [2] Und er begann mit dem Vorsatz, diejenigen zu bewahren, die sich vorgenommen hatten, dem Herrn zu dienen, aber nicht weiter voranzugehen, andere zu gewinnen, damit er ungestörter studieren könne.

[3] Als er die Vorlesungen des Kurses zu hören begann, begannen ihm dieselben Versuchungen zu kommen, die ihm gekommen waren, als er in Barcelona Grammatik studierte (233). Und jedesmal, daß er die Vorlesung hörte, konnte er mit den vielen geistlichen Dingen, die ihm in den Sinn kamen, nicht aufmerksam sein. [4] Und da er sah, daß er auf diese Weise wenig Fortschritt in der Wissenschaft machte, ging er zu

---

Dialektik und die *Elenchi* über die Trugschlüsse der Sophisten). Ferner wurde das Buch *De anima* (Über die Seele) studiert. Nach Bestehen der umfangreichen Bakkalaureatsprüfung begann Ignatius das dritte Jahr der sog. »Physiker«, das auf das Lizentiatsexamen vorbereitete. Für die Zulassung zu diesem Examen mußte man die Physik (Naturphilosophie) des Aristoteles gehört haben (die Traktate *De generatione et corruptione*, *De caelo et mundo* und die *Parva naturalia*). Außerdem waren Metaphysik und Ethik sowie Vorlesungen über mathematische und astronomische Fragen zu hören. Das Examen selbst bestand in zwei öffentlichen Disputationen gegen mehrere Magistri. Die Erlangung des Magistergrades war dann im wesentlichen nur noch eine Formsache. Man mußte sich einer erneuten Prüfung unterziehen und eine Art Antrittsvorlesung (die *Inceptio novi magistri*) halten.

(232) Wohl aus der Diözese Sigüenza; er war Doktor der Philosophie und der Medizin. Seinen Eid in der Universität hatte er 1522 abgelegt und seine Tätigkeit als Professor 1524/25 begonnen.

(233) Vgl. nn. 54,5 - 55,5.

seinem Magister und gab ihm das Versprechen, niemals zu unterlassen, den ganzen Kurs zu hören, solange er Brot und Wasser zu seinem Unterhalt finden könne.

[5] Und als er dieses Versprechen gegeben hatte, verließen ihn alle jene Andachten, die ihm außerhalb der Zeit kamen, und er ging ruhig mit seinen Studien voran. [6] In dieser Zeit hatte er Umgang mit Magister Peter Faber (234) und Magister Francisco de Javier (235), die er danach mittels der Übungen für den

---

(234) Peter Faber stammte aus Haute-Savoie, geboren 1506. Da er in den Studien bereits weiter war als Ignatius, sollte er ihm auf Geheiß des Lehrers Juan de la Peña Hilfe leisten. In seinem *Memoriale* schreibt er über seine Begegnung mit Ignatius: »Gepriesen sei in Ewigkeit die göttliche Vorsehung, die es so zu meinem Wohl und Heil geordnet hat. Da es nämlich von jenem [dem Magister Juan de la Peña] so angeordnet war, daß ich den genannten heiligen Mann lehren sollte, erlangte ich den äußeren Umgang mit ihm und danach den inneren. Denn da wir im selben Zimmer zusammenlebten, am selben Tisch und mit demselben Geldbeutel, und er selbst mir zum Lehrer in den geistlichen Dingen wurde, indem er eine Weise mitteilte, wie man zur Erkenntnis des göttlichen Willens und seiner selbst aufsteigen kann, wurden wir schließlich eins im Verlangen, im Willen und dem festen Entschluß, diese Lebensweise zu erwählen, die wir nun haben, wer wir auch von dieser Gesellschaft sind oder jemals sein werden, deren ich nicht würdig bin.« (FM, 493) Peter Faber war der erste Priester der Gruppe der Gefährten und wirkte später in Deutschland als erster Jesuit; er war auch tätig in Rom, Spanien und Portugal. Er starb 1546 und wurde 1872 seliggesprochen.

(235) Francisco de Javier, geboren 1506 auf Schloß Javier in Navarra, studierte zusammen mit Faber in Paris und gehörte seit 1530 zum Lehrkörper der Universität. Er

Dienst Gottes gewann. [7] In dieser Zeit des Kurses verfolgte man ihn nicht wie zuvor. [8] Und diesbezüglich sagte ihm einmal Dr. Frago (236), er wundere sich, wie er ruhig vorangehe, ohne daß ihn jemand belästige. Und er antwortete ihm: »Der Grund ist, weil ich zu niemandem über Dinge Gottes spreche. Aber nach Beendigung des Kurses werden wir zum Gewohnten zurückkehren.«

83 Und während sie beide miteinander sprachen, kam ein Mönch, um Dr. Frago zu bitten, er möge ihm ein Haus finden; denn in dem, worin er wohnte, seien viele gestorben, von denen er dachte: wegen der Pest, weil zu dieser Zeit die Pest in Paris begann. [2] Dr. Frago mit dem Pilger wollten gehen, das Haus zu sehen, und nahmen eine Frau mit, die sich sehr darauf verstand; als diese hineingegangen war, bestätigte sie, es sei Pest. [3] Der Pilger wollte auch eintreten; und als er einen Kranken fand, tröstete er ihn und berührte mit der Hand die Wunde. Und nachdem er ihn getröstet und ein wenig ermutigt hatte, ging er allein weg. [4] Und es begann ihm die Hand zu schmerzen, daß ihm schien, er habe die Pest. Und diese Einbildung war so heftig, daß er sie nicht besiegen konnte, bis er sich mit großem Ansturm die Hand in den Mund steckte und mehrmals darin drehte und sagte: »Wenn du die Pest an der Hand hast, dann sollst du sie auch im Mund haben.« [5] Und als er dies getan hatte, hörte ihm die Einbildung und der Schmerz der Hand auf.

---

wurde später zum Missionar für Indien und Japan und begründete die Jesuitenmissionen. Er starb auf der Fahrt nach China 1552. Er wurde 1622 zusammen mit Ignatius heiliggesprochen.

(236) Dr. Frago y Garcés aus der Diözese Tarazona. Er war Professor für Heilige Schrift an der Sorbonne.

84 Aber als er zum Kolleg St. Barbara zurückkehrte, wo er damals wohnte und den Kurs hörte, wichen die Kollegsbewohner, die erfahren hatten, daß er in das Pesthaus eingetreten war, vor ihm aus und wollten ihn nicht eintreten lassen. Und so war er gezwungen, einige Tage draußen zu bleiben.

[2] In Paris ist es üblich, daß die, welche *Artes* studieren, im dritten Jahr, um Bakkalaurei zu werden, »einen Stein nehmen« (237), wie sie sagen. Und weil man dafür einen Escudo ausgeben muß, können einige sehr Arme es nicht tun. [3] Der Pilger begann zu zweifeln, ob es gut sei, ihn zu nehmen. [4] Und da er sich sehr im Zweifel fand und ohne Entschluß, entschied er sich, die Sache in die Hand seines Magisters zu legen; und da dieser ihm riet, ihn zu nehmen, nahm er ihn. Trotzdem fehlte es nicht an Nörglern; zumindest ein Spanier machte eine Bemerkung.

---

(237) Es handelt sich wohl um einen aus Portugal stammenden Ausdruck für das Examen als Bakkalaureus, bei dem der zu examinierende Student auf einem Stein zu sitzen hatte. In R. BLUTEAU, *Vocabulario Portuguez e Latino*, Lisboa 1712–1727, heißt es zu dem Wort *Pedra* (= Stein): »Wenn in der Universität von Coimbra ein Student examiniert werden soll, muß er sich nach seiner Zulassung aus Demut mit entblößtem Haupt auf einen zu dieser Verwendung bestimmten Stein setzen, und der erste Prüfer stellt dem Prüfling die gewohnten Fragen: Wie er heißt, aus welchem Bistum und Ort er stammt usw., und schließlich legt er ihm das Problem der Naturphilosophen vor, und danach bringen die beiden anderen Prüfer ihre Argumente. Nach Beendigung des ersten Examens setzt sich der zweite Prüfling auf den Stein usw.« Es geht für Ignatius um die Frage, ob er akademische Grade erlangen solle, die mit Kosten verbunden sind.

[5] In Paris fand er sich bereits zu dieser Zeit sehr krank am Magen, so daß er alle zwei Wochen Magenschmerzen hatte, die eine gute Stunde dauerten und ihm das Fieber kommen ließen. Und einmal dauerten ihm die Magenschmerzen (238) sechzehn oder siebzehn Stunden. [6] Und als er zu dieser Zeit schon den *Artes*-Kurs beendet und einige Jahre in der Theologie studiert (239) und die Gefährten (240) gewonnen

---

(238) Es handelte sich wohl um eine chronische Entzündung der Gallenblase mit akuten Exazerbationen. Die Autopsie nach seinem Tod erwies, daß er an Gallensteinen litt (vgl. MI FN I, 769).

(239) Von seinen Pariser Studien an nannte Iñigo sich in lateinischen Texten Ignatius und auch sonst immer häufiger Ignacio; in den Rektoratsakten vom 16. Dezember 1531 - 24. März 1532 unter Landéric Macyot wird er als »*Ignatius de Loyola pampilonensis diocesis* (aus der Diözese Pamplona)« geführt (MI FD, 386). Er studierte zunächst zur Wiederholung Grammatik und humanistische Fächer von Februar 1528 bis zur Fastenzeit 1529. Den Philosophiekurs (die *Artes*) belegte er bis 1532; in diesem Jahr erlangte er das Bakkalaureat und am 13. März 1533 das Lizentiat in Philosophie auf Platz 30 von etwa 90 bis 100 Mitbewerbern (MI FD, 391). Von Oktober 1532 bis Ostern 1533 mußte er die zur Erlangung des Magistergrades in Philosophie notwendigen Übungen durchführen und legte das Examen im April 1534 ab. 1533 bis Mitte April 1535 studierte er Theologie. Am 14. März 1535 wird ihm der Magistergrad in Philosophie bescheinigt (MI FD, 396f). Am 14. Oktober 1536 bestätigt ihm die Theologische Fakultät ein »anderthalbjähriges« Theologiestudium (ebd. 2f). Es handelt sich um eine Formel, die auch bei länger dauerndem Studium angewandt wurde, z. B. bei Peter Faber, dessen Theologiestudium fünf Jahre umfaßte (vgl. FM, 6). Das Magisterdiplom hat den folgenden Wortlaut: »Der Rektor und die Universität des Pariser

hatte, ging die Krankheit immer sehr voran, ohne daß er ein Heilmittel hätte finden können, so viele auch davon probiert wurden.

Studiums wünschen in dem, der das wahre Heil aller ist, allen Heil, die das vorliegende Schreiben lesen werden: Da alle, welche dem katholischen Glauben anhangen, sowohl durch natürliche Billigkeit wie durch die Vorschrift des göttlichen Gesetzes verpflichtet sind, treues Zeugnis für die Wahrheit zu geben, ist es noch viel mehr angebracht, daß Kirchenmänner, die als Lehrer in den verschiedenen Wissenschaften in allem die Wahrheit erforschen und in ihr andere unterweisen und ausbilden, weder aus Zuneigung noch Gunst noch irgendeinem anderen Anlaß von der Richtigkeit der Wahrheit und Vernunft abweichen. Dies ist der Grund, weshalb wir in dieser Hinsicht für die Wahrheit Zeugnis abzulegen wünschen und allen und jedem, die es angeht, durch den Inhalt dieses Schreibens kundtun, daß unser geliebter kluger Herr Magister Ignatius von Loyola aus der Diözese Pamplona, Magister in den *Artes*, in der berühmten *Artes*-Fakultät zu Paris nach sorgfältiger Abnahme der strengen Examina im Jahre des Herrn 1534 nach Ostern gemäß den Statuten und Gebräuchen der vorgenannten Fakultät und unter den dabei gewohnten Feierlichkeiten mit Lob und Ehre den Grad des Magisters erlangt hat. Zum Zeugnis dafür haben wir unser Großes Siegel mit dem vorliegenden Schreiben verbunden. Gegeben zu Paris in der in St. Mathurin feierlich durchgeführten Generalversammlung. Im vorgenannten Jahr des Herrn 1534, am 14. des Monats März. Leroux« Nach heutiger Zählung handelte es sich bereits um das Jahr 1535; in kirchlichem Kontext zählte man damals in Frankreich die Jahre erst vom Osterfest an (*stilus gallicanus*). Insgesamt hat Ignatius siebeneinhalb Jahre in Paris studiert.

(240) Dieser Ausdruck mit Artikel (*li compagni*) wird hier zum erstenmal für die Gruppe der späteren Gründer der Gesellschaft (*compagnía*) Jesu gebraucht. Vgl. Fußn. 195.

85 Die Ärzte sagten nur, es bleibe nichts anderes als die Heimatluft, die ihm helfen könne (241). Die Gefährten rieten ihm nun dasselbe und bedrängten ihn sehr. [2] Und zu dieser Zeit waren sie alle bereits entschlossen, was sie zu tun hätten, nämlich nach Venedig und nach Jerusalem zu gehen und ihr Leben zum Nutzen der Seelen zu verbringen; [3] und wenn ihnen nicht die Erlaubnis, in Jerusalem zu bleiben, gegeben würde, nach Rom zurückzukehren und sich dem Stellvertreter Christi anzubieten, damit er sie einsetze, wo er urteile, es sei mehr zur Ehre Gottes und zum Nutzen der Seelen. [4] Sie hatten sich noch vorgenommen, ein Jahr auf die Einschiffung in Venedig zu warten; [5] und wenn es in jenem Jahr keine Schiffsgelegenheit nach der Levante gebe, würden sie von dem Jerusalemgelübde befreit sein und zum Papst gehen, *usw.* (242)

---

(241) Am 9. September 1556 schreibt Juan de Polanco im Auftrag von Ignatius an Giovanni Battista Viola über einen solchen Rat: »Und obwohl dies sehr gewöhnlich bei den Ärzten ist, in das heimatliche Land und die heimatliche Luft zurückzuschicken, weil sie nicht wissen, was zu tun ist (was ihnen häufig geschieht), oder um die Mühe loszuwerden, [...]« (Brief 6089 [BU, 831]).

(242) Am 15. August 1534 hatte Ignatius zusammen mit Francisco de Javier, Peter Faber, Nicolás Alonso Bobadilla, Diego Laínez, Alonso Salmerón und Simão Rodrigues in einer Kapelle auf dem Montmartre das Gelübde abgelegt, von dem Diego Laínez berichtet: »Und da in Paris unsere Absicht noch nicht war, eine Ordensgemeinschaft zu bilden, sondern uns in Armut dem Dienst Gottes unseres Herrn und dem Nutzen des Nächsten zu widmen, indem wir predigen und in Spitälern dienen *usw.*, legten wir das Gelübde ab [...], wenn wir könnten, zu den Füßen des Papstes, des Stellvertreters Christi, zu gehen und ihn um die Erlaubnis zu bitten, nach Jerusalem zu fahren und,

[6] Am Schluß ließ sich der Pilger von den Gefährten

---

wenn die Möglichkeit bestünde, dort zu bleiben, indem wir uns selbst und, wenn unser Herr sich damit dienen läßt, auch anderen Gläubigen und Ungläubigen, nützen; und wenn es innerhalb eines Jahres keine Möglichkeit gäbe, dorthin nach Jerusalem zu fahren, oder falls wir führen, dort zu bleiben, erklärten wir in dem Gelübde, daß es nicht unsere Absicht war, uns weiterhin zur Fahrt zu verpflichten, sondern zum Papst zurückzukehren und seinen Gehorsamsbefehl auszuführen, indem wir gehen, wohin er uns befiehlt.« (MI FN I, 110f) Bei der Erneuerung dieses Gelübdes im Jahr darauf schlossen sich den Gefährten noch Claude Jay, Jean Codure und Paschase Broët an (vgl. MI FN I, 37-39). In seinem Brief an Polanco über Ignatius vom 16. Juni 1547 beschreibt Laínez den Zusammenhalt der Gruppe: »Und dieses Gelübde bestätigte und erneuerte ein jeder einmal nach Beichte und Kommunion am Tag unserer Herrin vom August in St. Maria auf dem Montmartre, wo wir es zuerst abgelegt hatten; und nachdem wir es so bestätigt hatten, blieben wir zu einem Mahl in Liebe. Das führten wir auch das Jahr hindurch weiter. Denn in Abständen von soundso vielen Tagen gingen wir mit unserem Mitgebrachten bei einem zu Hause essen, dann wieder bei einem anderen. Dies hat, glaube ich, zusammen mit dem häufigen Einander-Besuchen und Miteinander-Umgehen sehr dazu beigetragen, uns zu erhalten. Und gerade in dieser Zeit hat der Herr uns besonders sowohl in der Wissenschaft geholfen, in der wir ordentlichen Fortschritt machten, indem wir sie immer auf die Ehre des Herrn und den Nutzen des Nächsten hinordneten, als auch darin, füreinander besondere Liebe zu haben und uns *auch* zeitlich in dem zu helfen, worin wir konnten.« (MI FN I, 102–104) Vgl. ferner BURKHART SCHNEIDER, *Nuestro principio y principal fundamento* – Zum historischen Verständnis des Papstgehorsamsgelübdes, in: AHSJ 25 (1956) 488-513.

überreden, weil diejenigen, die Spanier waren, noch einige Angelegenheiten zu besorgen hatten, die er erledigen konnte (243). [7] Und die Verabredung war, sobald er sich wohl befinde, solle er ihre Angelegenheiten besorgen gehen und dann nach Venedig überfahren und dort auf die Gefährten warten.

86 Dies war das Jahr 1535, und die Gefährten sollten nach der Abmachung im Jahre 1537 am Tag der Bekehrung des hl. Paulus (244) aufbrechen; obwohl sie dann wegen der Kriege, die kamen, im November (245) des Jahres 1536 aufbrachen. [2] Und als der Pilger am Aufbrechen war, hörte er, daß man ihn beim Inquisitor (246) angeklagt und einen Prozeß gegen ihn angestrengt habe. [3] Als er das hörte und sah, daß man ihn nicht rief, ging er zum Inquisitor und sagte ihm, was er gehört habe, und er sei dabei, nach Spanien aufzubrechen, und daß er Gefährten habe; und er bitte ihn, das Urteil zu fällen. [4] Der Inquisitor sagte, es stimme bezüglich der Anklage; aber er sehe nicht, daß es eine Sache von Wichtigkeit sei. [5] Er wollte nur seine Schriften der Übungen sehen; und als er sie sah, lobte er sie sehr und bat den Pilger, ihm eine Abschrift davon zu überlassen; und so tat er es. [6] Trotzdem drängte er ihn erneut, den Prozeß bis zum Urteil fortzuführen. Und als sich der Inquisitor

---

(243) Polanco erwähnt noch als weiteres Motiv, Ignatius habe die vielen, denen er einst in seiner Heimat zum Anstoß geworden war, erbauen wollen (MI FN II, 568). Auch Araoz sagt, Ignatius habe die »Unwissenheiten seiner Jugend« wiedergutmachen wollen (MI Scripta I, 730).

(244) Am 25. Januar.

(245) Am 15. November.

(246) Zu dieser Zeit war nicht mehr Matthieu Ory, sondern Valentin de Liévin Inquisitor.

entschuldigte, ging er mit einem öffentlichen Notar und Zeugen zu ihm in sein Haus und ließ all dies aufnehmen.

IX. Spanien

87 Und als dies geschehen war, bestieg er ein kleines Pferd, das ihm die Gefährten gekauft hatten, und brach allein nach seiner Heimat auf. Auf der Straße ging es ihm viel besser. [2] Und als er in die Provinz (247) kam, ließ er die gewöhnliche Straße und nahm die auf dem Berg, die einsamer war. Als er auf ihr ein wenig geritten war, traf er zwei bewaffnete Männer, die ihm entgegen kamen, – und diese Straße ist wegen Mördern etwas berüchtigt. [3] Als diese ein Stück an ihm vorbeigeritten waren, kehrten sie um und verfolgten ihn mit großer Eile, und er hatte ein wenig Angst. [4] Doch sprach er sie an und hörte, daß es Diener seines Bruders (248) waren, welcher geschickt hatte, ihn zu suchen. [5] Denn wie es scheint, hatte dieser aus Bayonne in Frankreich, wo der Pilger erkannt worden war, die Nachricht von seinem Kommen erhalten; und so war man ihm vorangeritten, und er ritt auf derselben Straße. [6] Und kurz bevor er das Gebiet erreichte, traf er die Erwähnten, die ihm entgegenritten; sie bedrängten ihn sehr, um ihn zum Haus seines Bruders zu bringen, aber sie konnten ihn nicht nötigen. [7] So begab er sich zum Spital (249), und

(247) Guipúzcoa.

(248) Vgl. Fußn. 36.

(249) Spital St. Magdalena. Im Informationsprozeß für die Heiligsprechung von Ignatius vom Jahr 1595 in Azpeitia sagt der Zeuge Magister Andrés de Oraa, Ignatius habe seinem Bruder geantwortet, er sei »nicht gekommen, um ihn

dann ging er zu gelegener Stunde durch das Gebiet Almosen suchen.

88 Und in jenem Spital begann er mit vielen, die ihn besuchen kamen, über die Dinge Gottes zu sprechen, durch dessen Gnade viel Frucht entstand. [2] Gleich zu Anfang, als er ankam, entschloß er sich, jeden Tag die Kinder in der christlichen Lehre zu unterweisen. Aber sein Bruder widersetzte sich dem sehr und erklärte, es werde niemand kommen. [3] Er antwortete ihm, einer genüge. Aber nachdem er es zu tun begonnen hatte, kamen regelmäßig viele, ihn zu hören, und *auch* sein Bruder.

[4] Außer der christlichen Lehre predigte er auch an den Sonntagen und Festen mit Nutzen und Hilfe für die Seelen, die von vielen Meilen kamen, ihn zu hören.

[5] Er bemühte sich auch, einige Mißbräuche abzuschaffen (250); und mit der Hilfe Gottes ist in einigem Ordnung geschaffen worden. *Zum Beispiel* sorgte er beim Spiel für ein Verbot und dessen Ausführung, indem er den Leiter der Justiz dazu überzeugte.

[6] Es gab auch noch einen anderen Mißbrauch auf diese Weise: Die Mädchen in diesem Land gehen immer mit unbedecktem Haupt und bedecken es erst, wenn sie heiraten. [7] Aber es gibt viele, die Konkubinen von Priestern und anderen Männern werden und ihnen die Treue halten, als wären sie ihre Frauen.

---

um das Haus von Loyola zu bitten noch sich in Palästen aufzuhalten, sondern um das Wort Gottes zu säen und den Leuten zu verstehen zu geben, eine wie enorme Sache die Todsünde sei« (MI Scripta II, 245).

(250) Vgl. NORBERT BRIESKORN, Ignatius in Azpeitia 1535 – Eine rechtshistorische Untersuchung, in: AHSJ 49 (1980) 95–112.

[8] Und dies ist so üblich, daß die Konkubinen sich überhaupt nicht schämen, zu sagen, sie hätten ihr Haupt für den und den bedeckt; und sie werden für solche gehalten.

89 Aus diesem Gebrauch entsteht viel Übel. Der Pilger bewog den Gouverneur, ein Gesetz zu machen, daß alle jene, die ihr Haupt für jemanden bedecken, ohne deren Frauen zu sein, von der Justiz bestraft würden. Und auf diese Weise begann dieser Mißbrauch zu verschwinden.

[2] Für die Armen veranlaßte er die Aufstellung einer Ordnung, wie für sie öffentlich und geregelt gesorgt werde (251). [3] Und daß man dreimal zum Avemaria läute, nämlich am Morgen, am Mittag und am Abend, damit das Volk wie in Rom bete.

[4] Aber so sehr es ihm am Anfang gut ging, wurde er dann schwer krank.

[5] Und als er dann gesund war, entschloß er sich, aufzubrechen, um die Angelegenheiten zu besorgen, die ihm von den Gefährten aufgetragen worden waren, und ohne Quattrini aufzubrechen. Darüber ärgerte sich sein Bruder sehr und schämte sich, daß er zu Fuß gehen wolle. [6] Und zu guter Letzt (252) wollte der

---

(251) Vgl. MI Scripta I, 539–543 sowie den Erinnerungsbrief von Ignatius an die Einwohner von Azpeitia vom August / September 1545 (Brief 26). Er sucht jetzt nach grundsätzlichen Möglichkeiten der Hilfe für die Armen; vgl. auch n. 98,11.

(252) »*A la sera*«, eigentlich »am Abend«; nach der Interpunktion der verschiedenen Kopien des Manuskripts heißt es entweder: »daß er zu Fuß und am Abend gehen wolle. Der Pilger wollte darin nachgeben« oder aber »daß er zu Fuß gehen wolle. Und am Abend wollte der Pilger darin nachgeben«. Die Übersetzung folgt der zweiten

Pilger darin nachgeben, bis zur Grenze der Provinz mit seinem Bruder und seinen Verwandten zu Pferd zu reiten.

90 Aber als er die Provinz verlassen hatte, stieg er ab, zu Fuß, ohne irgend etwas anzunehmen, und begab sich in Richtung Pamplona (253), und von dort nach Almazán, der Heimat des P. Laínez; und danach nach Sigüenza und Toledo (254), und von Toledo nach Valencia. [2] Und in allen diesen Heimatgebieten der Gefährten wollte er nichts annehmen, so sehr man ihm auch mit vielem Drängen große Angebote machte.

[3] In Valencia sprach er mit Castro, der Kartäusermönch war (255). Und als er sich einschiffen wollte, um nach Genua zu kommen, baten ihn die Frommen von Valencia, es nicht zu tun, denn sie sagten, daß Barbarossa (256) mit vielen Galeeren auf dem Meer

---

Interpunktion, nimmt aber aufgrund des Zusammenhangs an, daß es sich um einen von dem Wort *sero* (spät) beeinflußten Latinismus mit der Bedeutung von »zu guter Letzt« handelt.

(253) In Obanos bei Pamplona traf Ignatius Juan de Azpilcueta, den Bruder von Francisco de Javier, und überbrachte ihm von diesem einen Brief.

(254) In Toledo besuchte er die Verwandten von Alonso Salmerón und wohl auch seinen früheren Gefährten von Paris, Dr. Pedro de Peralta. Polanco sagt: »Es war auch seine Absicht, wenn Gott damit gedient sein würde, die ursprünglich in Spanien zurückgelassenen oder dorthin von Paris zurückgekehrten Gefährten wiederzugewinnen, nämlich Arteaga, Calixto, Peralta, Castro. Aber keiner von ihnen war bereit, ihm zu folgen.« (MI FN I, 187f) Auf dieser Reise hielt sich Ignatius auch in Madrid auf, um Arteaga zu sehen.

(255) Vgl. n. 78,2.

(256) Cheir-ed-Din (1467–1546) mit dem abendländischen

sei *usw.* [4] Und soviele Dinge sie auch sagten, die genügten, um ihm Angst zu machen, konnte ihn trotzdem nichts zweifeln machen.

91 Und nachdem er auf ein großes Schiff gegangen war, erlebte er den Sturm, der oben erwähnt worden ist, als gesagt wurde, daß er dreimal in Todesgefahr war (257).

[2] In Genua angekommen, nahm er die Straße nach Bologna; auf ihr hat er viel erlitten, *vor allem* einmal, als er den Weg verlor und an einem Fluß entlang zu wandern begann, der tief lag und die Straße hoch; und je länger er auf ihr wanderte, um so enger wurde sie; [3] und sie wurde so eng, daß er weder weiter vorangehen noch rückwärts umkehren konnte. [4] Und so begann er, auf allen vieren zu gehen. Und so ging er ein großes Stück mit großer Angst; denn jedesmal, wenn er sich bewegte, glaubte er, in den Fluß zu stürzen. [5] Und dies war die größte Anstrengung und körperliche Mühe, die er je hatte, aber schließlich kam er durch.

[6] Und als er nach Bologna hineinwollte, mußte er über ein Holzbrückchen gehen und fiel von der Brücke herunter. Und als er sich so mit Schlamm und Wasser beladen erhob, brachte er viele, die sich anwesend fanden, zum Lachen.

[7] Und als er nach Bologna hineinkam, begann er, Almosen zu erbitten, und fand nicht einmal einen einzigen Quattrino, obwohl er die ganze Stadt durchsuchte.

Beinamen Barbarossa, Vasall Sultan Süleimans II., Pirat auf französischer Seite.

(257) Vgl. n. 33f.

Einige Zeit war er in Bologna krank, danach ging er von dort nach Venedig, immer auf dieselbe Weise (258).

X. Venedig, Vicenza

92 In Venedig übte er sich in jener Zeit, die Übungen zu geben und in anderen geistlichen Gesprächen. [2] Die bedeutendsten Personen, denen er sie gab, sind Magister Pietro Contarini (259) und Magister Gasparro de Dotti (260), und ein Spanier, mit Namen Rozas (261) genannt. [3] Und es war noch ein anderer Spanier dort, der Bakkalaureus Hoces (262) hieß, welcher viel mit dem Pilger und auch mit dem Bischof

(258) Ignatius beabsichtigte, sein Theologiestudium in Bologna fortzusetzen, vertrug jedoch das Klima nicht. So ging er nach Venedig, um auf seine Gefährten aus Paris zu warten. Dort wollte er von Anfang 1536 bis zur Fastenzeit 1537 weiter Theologie studieren; vgl. seinen Brief an Jaime Cazador vom 12. Februar 1536 (Brief 6 [BU, 17. 19]).

(259) Kleriker in Venedig, Prokurator des Spitals der Unheilbaren. Er gehörte zu einem anderen Zweig der Familie Contarini als Kardinal Gaspare Contarini, der die Gesellschaft Jesu in Rom sehr unterstützte. Er wurde später Bischof von Verona, dann von Paphos auf Zypern.

(260) Vikar des päpstlichen Nuntius in Venedig, Girolamo Verallo. Er wurde 1551 Verantwortlicher für das Heiligtum von Loreto und legte dort 1556 die einfachen Gelübde der Gesellschaft Jesu ab, blieb aber in seinem Amt.

(261) Vielleicht Rodrigo Rozas, an den Diego de Eguía am 24. Mai 1547 nach Neapel schreibt und der mit Ignatius und Laínez gut bekannt war (vgl. MI FN I, 490).

(262) Diego Hoces, ein Priester, der aus Málaga stammte; s. n. 98,1 (vgl. auch die Berichte von Polanco in MI FN I, 195 und II, 583).

von Chieti (263) verkehrte. [4] Und obwohl er ein wenig Neigung hatte, die Übungen zu machen, kam er nicht zu ihrer Ausführung. [5] Am Schluß entschied er sich, mit ihnen zu beginnen. Und als er sie schon drei oder vier Tage gemacht hatte, sagte er dem Pilger seinen Sinn; er sagte ihm, daß er Angst gehabt habe, daß man ihm in den Übungen nicht irgendeine schlechte Lehre beibrächte, wegen der Dinge, die ihm jemand gesagt hatte. [6] Und aus diesem Grund hatte er bestimmte Bücher mitgebracht, um auf sie zurückzugreifen, falls er ihn vielleicht täuschen wolle (264). Dieser erfuhr insbesondere in den Übungen große Hilfe, und am Schluß entschied er sich, dem Leben des Pilgers nachzufolgen. [7] Dieser war auch der erste, der starb.

93 In Venedig hatte der Pilger auch eine weitere Verfolgung (265). Es gab viele, die sagten, seine Statue

---

(263) Im Manuskript »Cette«. Wahrscheinlich handelt es sich um Chieti (lateinisch Teate), dessen Bischof Giovanni Pietro Carafa (1504–1559) der Mitbegründer des nach Teate benannten Theatinerordens und spätere (1555) Papst Paul IV. war. Das schwierige Verhältnis zwischen Ignatius und Carafa scheint auf diese Zeit in Venedig zurückzugehen. Wohl aus dem Jahr 1536 ist der Entwurf eines (vielleicht nicht abgesandten) Briefes von Ignatius an Carafa erhalten, in welchem er ihm kritische Hinweise und Ratschläge für den Theatinerorden mitteilt (Brief 11); vgl. auch n. 93,5 und Fußn. 265.

(264) Vielleicht geht auf eine vergleichbare Erfahrung das sogenannte *Praesupponendum* in GÜ 22 zurück.

(265) Nadal führt diese Verfolgung auf Giovanni Pietro Carafa, den späteren Paul IV., zurück (EN IV, 706). Es handelt sich nach dem Brief von Ignatius an João III. von Portugal vom 15. März 1545 um den siebenten Prozeß, der gegen ihn angestrengt wurde (Brief 81 [BU, 100]).

sei in Spanien und Paris verbrannt worden. [2] Und diese Sache kam so voran, daß ein Prozeß gemacht wurde; und das Urteil (266) erging zugunsten des Pilgers.

[3] Die neun Gefährten kamen Anfang des Jahres 1537 nach Venedig. Dort teilten sie sich, um in verschiedenen Spitälern zu dienen. [4] Nach zwei oder drei Monaten gingen sie alle nach Rom, um den Segen für die Überfahrt nach Jerusalem zu bekommen. [5] Wegen Dr. Ortiz (267) und auch wegen des neuen Theatinerkardinals (268) ging der Pilger nicht.

[6] Die Gefährten kamen aus Rom zurück mit einer Anweisung über zweihundert oder dreihundert Escudos (269), die ihnen für die Überfahrt nach Jerusalem als Almosen gegeben worden waren. [7] Und sie hatten sie nur als Anweisung annehmen wollen; und sie haben sie danach, als sie nicht nach Jerusalem gehen konnten, denen zurückgegeben, die sie gegeben hatten.

---

(266) Vgl. MI FD, 535–537: Die Anklagen werden als »frivol, nichtig und falsch« bezeichnet; es wird erklärt, daß P. Ignatius »ein Priester von gutem und frommem Leben und heiliger Lehre sowie besten Standes und Rufs« sei. Offenbar erging das Urteil erst nach der Priesterweihe von Ignatius; vgl. Fußn. 270 und Brief 12aB [BU, 38–41].

(267) Vgl. nn. 77,3 und 98,6. Dr. Ortiz hatte in Paris mit Ignatius wegen Juan Castro und Pedro de Peralta Differenzen gehabt (vgl. MI FN I, 192).

(268) Giovanni Pietro Carafa war seit dem 22. Dezember 1536 Kardinal.

(269) Sie hatten ca. 60 Dukaten vom Papst und 200 von anderen Spendern erhalten; darüber berichtet Ignatius in einem Brief an Jean Verdolay vom 24. Juli 1537 (Brief 12aB [BU, 39f]). Was hier »Escudos« genannt wird, bezeichnet der Brief als »Dukaten«.

[8] Die Gefährten kehrten nach Venedig auf die Weise zurück, wie sie gegangen waren, nämlich zu Fuß und bettelnd, aber in drei Gruppen geteilt und auf solche Weise, daß sie immer von verschiedenen Nationen waren. [9] Dort in Venedig ließen sich die, die noch nicht geweiht waren, für die Messe weihen (270); und die Erlaubnis gab ihnen der Nuntius, der damals in Venedig war, der sich später Kardinal Verallo nannte. [10] Sie wurden *auf den Titel der Armut* (271) geweiht, und sie legten alle die Gelübde der Keuschheit und Armut ab.

94 In diesem Jahr fuhren keine Schiffe in die Levante, weil die Venezianer mit den Türken gebrochen hatten. [2] Und so teilten sie sich, als sie sahen, daß die Wartezeit auf die Überfahrt sich verlängerte, auf das venezianische Gebiet mit der Absicht auf, das Jahr abzuwarten, das sie beschlossen hatten; und wenn es abgelaufen wäre und sie keine Überfahrt gefunden hätten, würden sie sich nach Rom begeben.

[3] Den Pilger traf es, mit Faber und Laínez nach Vicenza zu gehen. [4] Dort fanden sie ein bestimmtes Haus außerhalb des Gebietes, das weder Türen noch Fenster hatte (272); und darin blieben sie und schliefen auf

---

(270) Ausdruck für die Priesterweihe; für die Diakonenweihe sagte man: »zum Evangelium weihen«. Sie erhielten am 10. Juni 1537 die niederen Weihen; am 15. wurden sie zu Subdiakonen, am 17. zu Diakonen geweiht, und die Priesterweihe fand am 24. Juni statt (MI Scripta I, 545).

(271) Sie wurden vom Bischof von Arbe, Vicente Nigusanti, sowohl auf den Titel (Unterhaltsnachweis) der freiwilligen Armut wie ausreichender Wissenschaft geweiht (MI Scripta I, 543–546; vgl auch den oben in Fußn. 269 erwähnten Brief).

(272) Es handelt sich um das Klostergebäude S. Pietro in

ein wenig Stroh, das sie herbeigetragen hatten. [5] Zwei von ihnen gingen immer zweimal am Tag in dem Gebiet Almosen suchen, und sie brachten so wenig, daß sie fast nicht ihren Unterhalt erreichen konnten. [6] In der Regel aßen sie ein wenig gekochtes Brot, wenn sie es hatten; es zu kochen, dafür sorgte, der zu Haus blieb. [7] Auf diese Weise vergingen vierzig Tage; sie widmeten sich nichts anderem als Gebeten.

95 Als die vierzig Tage vorbei waren, kam Magister Jean Codure, und alle vier entschlossen sie sich, zu predigen zu beginnen. Und sie gingen alle vier auf verschiedene Plätze und begannen am selben Tag und zur selben Stunde ihre Predigt, indem sie zuerst laut schrien und mit dem Birett die Leute riefen. [2] Mit diesen Predigten entstand großes Aufsehen in der Stadt, und viele Personen ließen sich zu Andacht bewegen; und sie hatten den notwendigen leiblichen Bedarf in größerem Überfluß.

[3] In jener Zeit, in der er in Vicenza war, hatte er viele geistliche Visionen und viele fast regelmäßige Tröstungen; und im Gegensatz zu der Zeit, als er in Paris war (273). [4] Vor allem, als er sich in Venedig vorbereitete, Priester zu werden, und als er sich

---

Vivarolo, das von den Frati von Santa Maria delle Grazie in Vicenza abhängig war. Diese gestatteten ihnen die Benutzung des verfallenen Hauses, solange sie es wollten (so schreibt Ignatius an Pietro Contarini im August 1537, Brief 13 [BU, 43]).

(273) Den Erfahrungen der Gefährten in Vicenza entspricht in der Gesellschaft Jesu die Einrichtung des sogenannten Terziats als einer »Schule des Strebens« nach der Trokkenheit des Studiums (vgl. Sa 516,4 [V]); es handelt sich um ein abschließendes, mehr geistlich und pastoral ausgerichtetes Ausbildungsjahr.

vorbereitete, die Messe zu lesen, hatte er auf allen diesen Reisen große übernatürliche Heimsuchungen derart, wie er sie zu haben pflegte, als er in Manresa war.

[5] Auch als er in Vicenza war, erfuhr er, daß einer der Gefährten, der in Bassano war, krank und in Todesgefahr war (274); und er selbst fand sich *auch* zu dieser Zeit fieberkrank. [6] Trotzdem machte er sich auf die Reise, und er wanderte so kräftig, daß Faber, sein Gefährte, ihm nicht folgen konnte. [7] Und auf dieser Reise hatte er von Gott die Gewißheit und sagte es Faber, daß der Gefährte von jener Krankheit nicht sterben werde. [8] Und als sie nach Bassano gelangten, hatte der Erkrankte viel Trost und genas bald.

[9] Danach kehrten alle nach Vicenza zurück, und dort blieben alle zehn einige Zeit. Und einige gingen durch die Dörfer rings um Vicenza Almosen suchen.

96 Als danach das Jahr beendet war und sich keine Überfahrt fand, entschlossen sie sich, nach Rom zu gehen, und auch der Pilger, weil das andere Mal, als die Gefährten gegangen waren, jene beiden (275), in bezug auf die er zweifelte, sich sehr wohlwollend gezeigt hatten.

[2] Sie gingen nach Rom in drei oder vier Gruppen geteilt, und der Pilger mit Faber und Laínez. Und auf dieser Reise wurde er sehr besonders von Gott heimgesucht.

[3] Er hatte sich entschlossen, nachdem er Priester wäre, ein Jahr (276) noch keine Messe zu lesen und

---

(274) Simão Rodrigues.

(275) Vgl. n. 93,5.

(276) Ignatius war am 24. Juni 1537 zum Priester geweiht worden, feierte seine erste heilige Messe jedoch erst

sich vorzubereiten und die Muttergottes zu bitten, sie wolle ihn zu ihrem Sohn stellen. [4] Und als er an einem Tag, einige Meilen, bevor er nach Rom gelangte, in einer Kirche (277) war und betete, verspürte er eine solche Veränderung in seiner Seele und hat so klar gesehen, daß Gott Vater ihn zu Christus, seinem Sohn, stellte, daß ihm der Mut nicht ausreichen würde, daran zu zweifeln, daß vielmehr Gott Vater ihn zu seinem Sohn stellte (278).

---

anderthalb Jahre später zu Weihnachten 1538. Am 2. Februar 1539 schreibt er an seinen Bruder Martín García (von dessen Tod er noch nicht weiß) und seinen Neffen Beltrán: »Am vergangenen Weihnachtstag habe ich in der Kirche Santa Maria Maggiore in der Kapelle, wo die Krippe steht, in welche das Jesuskind gelegt worden ist, mit seiner Hilfe und Gnade meine erste Messe gehalten.« (Brief 19 [BU, 52])

(277) La Storta an der Via Cassia, etwa 14 km vor den Toren Roms.

(278) Vgl. Ignatius' Eintragung in GT 67,2: »Und es schien mir irgendwie von der Heiligsten Dreifaltigkeit zu sein, daß sich mir Jesus zeigte oder ich ihn verspürte, und es kam mir in Erinnerung, wann mich der Vater zum Sohn stellte.« Die älteste sonstige Bezeugung bietet 1554 Jerónimo Nadal: »In der Zeit, als es um die Bestätigung der Gesellschaft Jesu ging und P. Ignatius mit den Patres Faber und Laínez nach Rom kam, erschien ihm im Gebet in einer Schau Christus mit dem Kreuz; und indem Gott ihm P. Ignatius zum Dienst gegenüberstellte, sagte er: ›Ich werde mit euch sein‹; damit bedeutete er offenbar, daß Gott uns zu Gefährten Jesu erwählt habe. [...] Dafür ist darauf zu verweisen, daß Christus, der von den Toten erstehend nicht mehr stirbt, in seinen Gliedern noch immer und ständig das Kreuz erleidet, weshalb er zu Paulus sagt: ›Warum verfolgst du mich?‹« (MI FN I, 313f). Die Formel »zum Sohn gestellt werden« drückt das Wesen des

[5] Und ich, der ich diese Dinge schreibe, sagte dem Pilger, Laínez habe dies, wie ich gehört hätte, mit anderen Einzelheiten erzählt (279). [6] Und er sagte mir,

---

christlichen Glaubens selbst aus, der darin besteht, mit Christus vor Gott zu stehen. Der christliche Glaube ist das Anteilhaben am Gottesverhältnis Jesu, denn er ist die auf das Wort Gottes gegründete Gewißheit, von Gott mit der Liebe geliebt zu werden, in der er seinem eigenen Sohn von Ewigkeit her zugewandt ist.

(279) In seinen römischen *Adhortationes* sagt Diego Laínez 1559 über den Ursprung des Namens der Gesellschaft Jesu: »Als wir auf dem Weg von Siena nach Rom kamen, sagte mir unser Vater als derjenige, welcher vieles geistliche Verspüren hatte, und vor allem bei der heiligsten Eucharistie, die er jeden Tag empfing, indem sie ihm entweder von Magister Peter Faber oder von mir gespendet wurde, die wir jeden Tag die Messe hielten, und er nicht: Es schien ihm, daß Gott ihm diese Worte in das Herz einprägte: ›*Ich werde euch in Rom gnädig sein.*‹ Und da unser Vater nicht wußte, was sie bedeuten wollten, sagte er: ›Ich weiß nicht, was aus uns werden wird; vielleicht werden wir in Rom gekreuzigt werden.‹ Dann ein anderes Mal sagte er, daß ihm schien, Christus mit dem Kreuz auf der Schulter zu sehen, und den ewigen Vater neben ihm, der ihm sagte: ›Ich will, daß du diesen als deinen Diener annimmst.‹ Und so nahm Jesus ihn an und sagte: ›Ich will, daß du uns dienst.‹ Und weil er deshalb große Andacht zu diesem heiligsten Namen empfing, wollte er die Gemeinschaft ›Gesellschaft Jesu‹ nennen.« (MI FN II, 133). Von dieser Vision her hat es Ignatius begründet, daß er seinen neuen Orden als »Gesellschaft Jesu« benannt wissen wollte, und zwar in dem Sinne, daß die einzelnen wirklich *socii Jesu* seien, solche, die »mit Jesus zusammen sind« (zu dem Ausdruck *compañía* vgl. auch GT 8,2: *en compañía de la Madre*). Damit ist Jesus

daß alles, was Laínez sage, die Wahrheit sei, da er sich nicht so sehr im einzelnen erinnere, aber sicher wisse, daß er zur Zeit, als er es erzählt habe, nur die Wahrheit gesagt habe. Dasselbe sagte er mir bei anderen Dingen.

97 Als sie danach nach Rom kamen, sagte er den Gefährten, er sehe die Fenster geschlossen; damit wollte er sagen, sie würden dort viel Widerspruch erfahren. [2] Und er sagte auch: »Es ist nötig, daß wir sehr auf uns achten und keine Gespräche mit Frauen beginnen, es sei denn, sie wären von vornehmem Stand.« [3] Um diesbezüglich zu reden: Später in Rom hörte Magister Francisco (280) die Beichten einer Frau und besuchte sie einige Male, um über geistliche Dinge zu sprechen. Sie wurde danach schwanger gefunden; aber der Herr wollte, daß derjenige, der die Übeltat begangen

---

in einer Weise »Haupt und Anführer« der ganzen Gemeinschaft, daß er zugleich mitten in ihr steht; vgl. GÜ 93 und 95, wo jeweils »mit mir (*conmigo*)« stark hervorgehoben ist. Dieser Name der »Gesellschaft Jesu« erschien Ignatius so wichtig, daß er erklärte, daß er sich durch keinen Widerspruch davon abbringen lassen wolle, es sei denn, daß ihn jemand unter Sünde dazu verpflichten könne; wenn er es aus eigener Verantwortung täte, würde er glauben, sich damit gegen Gott zu stellen und ihn zu beleidigen. Da aber (nach den ersten »Satzungen des Jahres 1541« [GGJ, 329, n. 45] sowie ferner nach der »Vollmachtsübertragung« durch die ersten Gefährten [GGJ, 342]) vorgesehen sei, daß gegen die Stimme auch nur eines einzigen nichts am geltenden Recht geändert werden dürfe, werde jedenfalls zu seinen Lebzeiten dieser Name nicht abgeschafft werden können (MI FN I, 204).

(280) Francisco de Javier.

hatte, entdeckt wurde. [4] Ähnliches geschah Jean Codure mit einer geistlichen Tochter, die mit einem Mann angetroffen wurde.

XI. Rom

98 Von Rom ging der Pilger nach Monte Cassino, um Dr. Ortiz (281) die Übungen zu geben. Und er blieb dort vierzig Tage, in denen er einmal den Bakkalaureus Hoces sah, der in den Himmel eintrat (282); und dabei hatte er viele Tränen und große geistliche Tröstung. Und er sah dies so klar, daß ihm schiene, er würde eine Lüge sagen, wenn er das Gegenteil sagte. [2] Und von Monte Cassino brachte er Francisco de Estrada (283) mit.

[3] Nach Rom zurückgekehrt, übte er sich, den Seelen zu helfen. Und sie wohnten noch am Weinberg (284). Und er gab die Geistlichen Übungen Verschiedenen zu

---

(281) Vgl. nn. 77,3 und 93,5. Ignatius gab wohl die Geistlichen Übungen in dem von Monte Cassino abhängigen Priorat Santa Maria dell'Albaneta (vgl. MI FN I, 500). Es sind Aufzeichnungen von Ortiz über die Geistlichen Übungen erhalten (MI Ex., 635–645).

(282) Vgl. n. 92,3–7.

(283) Dieser junge Spanier war gerade zusammen mit anderen Spaniern von Kardinal Giovanni Pietro Carafa entlassen worden und befand sich auf dem Weg nach Neapel, um Soldat zu werden, als er Ignatius traf (PCh I, 64). Er wurde in der Gesellschaft Jesu ein bedeutender Prediger und hatte wichtige Ämter inne; Ignatius sagte von ihm, daß er gut die Geistlichen Übungen der ersten Woche gebe (MI FN I, 658).

(284) Am Abhang des Monte Pincio, nahe der Kirche Trinità dei Monti im Haus von Quirino Garzoni.

ein und derselben Zeit; einer davon war bei Santa Maria Maggiore, der andere bei der Sixtus-Brücke.

[4] Dann begannen die Verfolgungen; und Miguel (285) begann, lästig zu werden und schlecht über den Pilger zu reden; dieser ließ ihn vor den Gouverneur (286) rufen, nachdem er zuvor dem Gouverneur einen Brief von Miguel gezeigt hatte, in welchem er den Pilger sehr lobte. [5] Der Gouverneur verhörte Miguel, und der Abschluß war, ihn aus Rom zu verbannen.

[6] Dann begannen Mudarra und Barreda (287) zu verfolgen. Sie sagten, der Pilger und seine Gefährten seien Flüchtlinge aus Spanien, aus Paris und aus Venedig. [7] Am Schluß bekannten alle beide in Gegenwart des Gouverneurs und des damaligen Legaten (288) von Rom, daß sie Böses über sie nicht zu sagen hätten, weder über die Sitten noch über die Lehre. [8] Der Legat gebietet, in dieser ganzen Angelegenheit solle geschwiegen werden. Aber der Pilger nimmt es nicht an; er sagt, er wolle ein Schlußurteil. [9] Dies gefiel

(285) Wahrscheinlich Miguel Landívar, gewöhnlich Navarro genannt. Er hatte in Paris die Gewinnung von Francisco de Javier, bei dem er angestellt war, so übel genommen, daß er plante, Ignatius umzubringen. Dann schloß er sich jedoch selbst eine Zeitlang den Gefährten an (vgl. MI FN II, 332).

(286) Benedetto Conversini.

(287) Diese beiden Spanier zettelten zusammen mit Pedro de Castilla 1538 eine Verfolgung an, deren Anlaß die Kritik von Faber und Laínez an Predigten eines piemontesischen Augustiners, Agostino Mainardi, waren.

(288) Kardinal Vicente Carafa, genannt der Kardinal von Neapel.

weder dem Legaten noch dem Gouverneur noch auch denen, die vorher den Pilger begünstigt hatten.

Aber am Schluß, nach einigen Monaten, kam der Papst nach Rom. [10] Der Pilger begibt sich nach Frascati, um ihn zu sprechen (289), und legt ihm einige Gründe vor; und der Papst erfaßt es und gebietet, daß ein Urteil ergehe; und es ergeht zu seinen Gunsten (290), *usw.*

---

(289) Ignatius berichtet in einem Brief an Isabel Roser vom 19. Dezember 1538 von seiner Audienz beim Papst: »... ich sprach mit Seiner Heiligkeit allein in seinem Zimmer, ungefähr eine Stunde lang. Indem ich dort mit ihm ausführlich über unsere Vorhaben und Absichten sprach, erzählte ich ihm klar alle die Male, die man in Spanien und in Paris gegen mich einen Prozeß geführt hatte; ebenso die Male, die ich in Alcalá und Salamanca gefangen war. Und dies zu dem Ziel, daß niemand ihn noch mehr informieren könnte, als ich ihn informiert habe, und damit er mehr bewogen werde, über uns eine Untersuchung durchzuführen, damit auf alle Fälle ein Urteil oder eine Erklärung über unsere Lehre ergehe. Schließlich: Weil es für uns zum Predigen und Ermahnen sehr notwendig sei, einen guten Geruch nicht nur vor Gott unserem Herrn, sondern auch vor den Leuten zu haben und nicht wegen unserer Lehre und unseren Sitten verdächtig zu sein, bat ich Seine Heiligkeit im Namen aller, er wolle Abhilfe schaffen lassen. Unsere Lehre und unsere Sitten sollten untersucht und geprüft werden, durch welchen ordentlichen Richter auch immer Seine Heiligkeit bestimme. Denn wenn sie etwas Schlechtes fänden, wollten wir verbessert und bestraft werden; und wenn Gutes, möge Seine Heiligkeit uns fördern.« (Brief 18 [BU, 47])

(290) Dem Text des Urteils nach war den Gefährten vorgeworfen worden, daß »ihre Dogmen und Übungen irrig, abergläubisch und etwas abweichend von der christlichen Lehre seien«. Demgegenüber stellt das Urteil fest, daß

[11] In Rom wurden einige fromme Werke mit der Hilfe des Pilgers und der Gefährten durchgeführt, wie die Katechumenen, St. Marta, die Waisen (291) *usw.*

Die übrigen Dinge wird Magister Nadal erzählen können.

99 Nachdem er diese Dinge erzählt hatte, fragte ich um den 20. Oktober den Pilger über die Übungen und die Satzungen. Ich wollte erfahren, wie er sie verfaßt habe. [2] Er sagte mir, daß er die Übungen nicht alle auf einmal verfaßt habe, sondern daß ihm von einigen Dingen, die er in seiner Seele beobachtete und die er nützlich fand, schien, daß sie auch anderen nützlich sein könnten; und so schrieb er sie nieder, zum Beispiel die Erforschung des Gewissens in jener Weise mit den Linien (292) *usw.* [3] Die Wahlüberlegung insbesondere, sagte er mir, habe er aus jener Verschiedenheit des Geistes und der Gedanken gewonnen, die er hatte, als er in Loyola war, während er noch am Bein krank war (293). [4] Und er sagte mir, er werde mir über die Satzungen am Abend sprechen.

»der genannte Herr Ignatius und seine Gefährten aus den genannten Anzeigen und Gerüchten [...] eher größeren Glanz in Leben und auch in der Lehre erlangt hat, da wir mit Sicherheit festgestellt haben, daß die Gegner Nichtiges und völlig von der Wahrheit Abweichendes vorgeworfen haben und umgekehrt sehr bedeutende Männer das beste Zeugnis von ihnen gegeben haben« (MI FD, 557).

(291) Ignatius sorgt für die Bereitstellung von zwei Häusern für zum christlichen Glauben konvertierte Juden (vgl. MI FN I, 126f); er gründet eine Fraternität und ein Asyl für Frauen, die sich von der Prostitution abwenden (vgl. MI FN II, 346f); auf seine Veranlassung werden zwei Waisenhäuser eröffnet (vgl. MI Scripta II, 565).

(292) Vgl. GÜ 28–31.

(293) Vgl. n. 5–10.

[5] Am selben Tag rief er mich, bevor er zu Abend aß, mit dem Ausdruck eines Menschen, der gesammelter als gewöhnlich war. Und er gab mir eine Art feierlicher Erklärung, deren Summe war, die Absicht und Einfachheit zu zeigen, mit der er diese Dinge erzählt hatte. Er sagte, er sei sehr sicher, daß er nichts zuviel erzählt habe; [6] und er habe viele Sünden gegen unseren Herrn getan, seit er begonnen habe, ihm zu dienen, aber niemals habe er einer Todsünde zugestimmt. So wachse er immer in der Andacht, *das heißt*, in der Leichtigkeit, Gott zu finden, und jetzt mehr als in seinem ganzen Leben. [7] Und jedesmal und zu jeder Stunde, daß er Gott finden (294) wolle, finde er ihn.

---

(294) Vgl. was Ignatius in einem Brief vom 1. Juni 1551 an P. Antonio Brandão über die den Ordensstudenten zu empfehlende Gebetsweise schreiben läßt: »Sie können sich deshalb darin üben, die Gegenwart unseres Herrn in allen Dingen zu suchen, wie im Umgang mit jemand, im Gehen, Sehen, Schmecken, Hören, Verstehen und in allem, was wir tun; denn es ist wahr, daß seine göttliche Majestät durch Gegenwart, Macht und Wesen in allen Dingen ist. Und diese Weise zu meditieren, indem man Gott unseren Herrn in allen Dingen findet, ist leichter, als wenn wir uns zu den abstrakteren göttlichen Dingen erheben und uns ihnen mühsam gegenwärtig machen. Und diese gute Übung wird dadurch, daß sie uns bereitet, große Heimsuchungen des Herrn bewirken, auch wenn es in einem kurzen Gebet ist.« (Brief 1854 [BU, 350]) Ignatius verwendet die beiden Ausdrücke »Gott in allen Dingen suchen« und »Gott in allen Dingen finden« gleichbedeutend. Vgl. auch die Formulierung im Vorwort von Luis Gonçalves da Câmara, n. *5,2: »Alle meine Dinge auf Gott beziehen und mich mühen, ihm alles Gute, das ich in mir fände, darzubringen, indem ich es als das Seine anerkenne und ihm dafür danksage.« Noch eine andere Ausdrucksweise für das Gemeinte findet sich in

Und daß er auch jetzt viele Male Visionen habe, *vor allem* jene, von denen oben gesprochen worden ist,

---

einem Brief vom 20. September 1548 an Francisco de Borja (Brief 466 [BU, 247]), in welchem Ignatius dem Herzog empfiehlt, statt allzu ausgedehnter Gebetszeiten die Hälfte dieser Zeit dem Studium, den Staatsgeschäften und geistlichen Unterredungen zu widmen: »Denn es ist ohne Zweifel eine größere Tugend der Seele und eine größere Gnade, sich seines Herrn in verschiedenen Ämtern und an verschiedenen Orten zu freuen, als in einem allein. Und dafür müssen wir uns sehr in seiner göttlichen Güte fördern.« So bedeutet »Gott finden in allen Dingen« dasselbe wie dankbar vor Gott leben. In seinem Memoriale berichtet Luis Gonçalves da Câmara in n. 196 die folgende Begebenheit: »Als P. Nadal das erstemal als Visitator nach Spanien kam – es war im Jahr 1553 –, sprachen ihm die Unseren in einigen Gegenden über das Gebet, das die Gesellschaft habe. Sie beschwerten sich über die wenige Zeit, die wir für eine so heilige Übung nähmen, und sagten, wir würden uns nicht aufrechterhalten können, wenn sie nicht verlängert werde. Und es sei eine Schande, dem, welcher uns danach frage, zu antworten, wir hätten am ganzen Tag nicht mehr als eine Stunde Gebet. Mit diesen Gründen begab sich der Pater nach Rom, ein bißchen zur gleichen Auffassung neigend. Und als er an einem Tag der hl. Cäcilia, am 22. November 1554, unserem Vater Rechenschaft über die Dinge Spaniens gab, legte er ihm gleichzeitig diese ihre Beschwerde vor, mit einiger Neigung, daß es zumindest in jener Provinz gestattet werde. Unser Vater war im Bett, und ich allein mit ihnen anwesend. Er antwortete ihm auf diesen Punkt mit einem Gesicht und Worten von solchem Mißfallen und außerordentlichem Unmut, daß es mich gewiß in Verwunderung versetzte. Und er gab ihm einen Verweis und einen so rauhen ›Hut‹, daß ich über die Geduld des P. Nadal staunte, obwohl ich große Kenntnis von

Christus als Sonne zu sehen(295). Und dies geschehe ihm oft, wenn er dabei sei, über Dinge von Wichtigkeit zu sprechen; und dies lasse ihn zur Bestätigung kommen.

100 Wenn er die Messe feiere, habe er auch viele Visionen; und als er die Satzungen verfaßte, habe er sie auch sehr oft gehabt. Und er könne dies jetzt um so leichter behaupten, weil er jeden Tag aufgeschrieben habe, was in seiner Seele vorging, und es jetzt geschrieben finde. [2] Und so zeigte er mir ein ziemlich großes Bündel(296) von Aufzeichnungen. Davon las er mir einen guten Teil vor. [3] Das meiste waren Visionen, die er zur Bestätigung einer der Satzungen sah; und zuweilen sah er Gott Vater, zuweilen die drei Personen der Dreifaltigkeit, zuweilen die Muttergottes, die Fürsprache einlegte, zuweilen die bestätigte.

---

seiner vielen Tugend hatte. Schließlich schloß er ab: ›Einem wirklich Abgetöteten reicht eine Viertelstunde, um sich mit Gott im Gebet zu vereinen.‹ Und ich weiß nicht, ob er zum selben Thema damals hinzufügte oder ob ich ihn viele andere Male habe sagen hören, daß von hundert sehr dem Gebet hingegebenen Personen um neunzig einer Täuschung verfallen sein dürften. Und daran erinnere ich mich sehr klar, obwohl ich unsicher bin, ob er nicht ›um neunundneunzig‹ gesagt hat.«

(295) Vgl. nn. 29,4–7 und 48,3.

(296) Auf diesen Ausdruck stützt sich die verbreitete Auffassung, Ignatius habe einen Teil seines Geistlichen Tagebuchs vernichtet. Letzteres ist jedoch eher unwahrscheinlich. Die folgenden Inhaltsangaben entsprechen genau dem tatsächlich erhaltenen Tagebuch, das am 2. Februar 1544 mit »1. Kap.« neu einsetzt und am Schluß – nach vom 5. April bis zum 27. Februar 1545 fast nur noch chiffrehaften Eintragungen – vermutlich nicht mehr weitergeführt worden ist.

[4] Im besonderen sprach er mir über die Überlegungen, in denen er 40 Tage verbrachte (297), wobei er jeden Tag die Messe feierte, und jeden Tag mit vielen Tränen. Und die Sache war: ob das Kirchengebäude irgendeine Einkunft haben solle und ob die Gesellschaft daraus Nutzen für sich ziehen könne.

101 Die Weise, die er beobachtete, als er die Satzungen verfaßte, war: jeden Tag die Messe zu feiern und den Punkt, den er behandelte, Gott vorzulegen und darüber zu beten. Und immer hielt er Gebet und Messe mit Tränen.

[2] Ich wünschte, diese Papiere von den Satzungen alle zu sehen, und bat ihn, sie mir ein wenig zu überlassen. Er wollte nicht.

(297) Eintragungen vom 2. Februar bis 12. März 1544.

ANHANG I

ZUSAMMENFASSUNG DER PREDIGTEN VON MAGISTER IGNATIUS ÜBER DIE CHRISTLICHE LEHRE

Von der Beichte

Für die wahre Beichte ist es notwendig, daß wir drei Dinge haben, nämlich Reue des Herzens, Bekenntnis des Mundes und Genugtuung der Werke.

Wir werden dann Reue haben, wenn wir über unsere Sünden großen Kummer haben und den festen Vorsatz, nicht wieder zu sündigen, mit großem Willen und Verlangen, wahre Christen zu sein, indem wir Gott unserem Herrn dienen und ihn loben.

Das erste Heilmittel, um wahre Reue zu erlangen, ist zu denken, daß ich, seit ich geboren bin, von mir selbst aus ohne andere Hilfe nichts getan habe, das gut wäre, um das Heil zu erlangen, nicht einmal, um mich von der Hölle zu befreien.

Zweitens. Ich werde denken, wie oft ich gegen Gott, meinen Schöpfer gesündigt habe durch meine so große Gebrechlichkeit, was gegen den Vater ist; wie oft durch meine schlimme Unwissenheit, was gegen den Sohn ist; wie oft durch meine so große Bosheit, was gegen den Heiligen Geist ist.

In bezug auf das Bekenntnis des Mundes muß unser Wort demütig sein, das Sprechen kurz, deutlich und nicht wortreich.

In bezug auf die Genugtuung der Werke sind wir nicht nur, wenn wir jemandem Eigentum oder Ruf schulden, in jeder Hinsicht verpflichtet, vollständige und geschuldete Wiederherstellung zu leisten, sondern ebenso gute Werke zur Genugtuung für die Sünden und deren Strafen zu tun.

Wenn wir keine wahre Reue haben können oder sie uns nicht gewährt wird, da sie ja Gabe Gottes ist, sollen wir, um zu unserer Beichte zu gehen, wenigstens einen großen Kummer haben und Bedauern darüber, daß wir jene Reue und jenen Schmerz nicht haben können, weil unsere Sünden so groß sind; wiewohl wir im voraus zur Beichte, wenn wir Genugtuung leisten und die geschuldete Reue haben, in der Gnade Gottes unseres Schöpfers und Herrn sind.

In der wahren Beichte empfängt man die wahre Lossprechung von allen Sünden.

Wenn wir in bezug auf die anderen nicht gutmachen konnten oder können und den festen Vorsatz haben, sobald wir können, gutzumachen, werden wir zur wahren Beichte in der geschuldeten Weise gehen und ohne jede Furcht.

Um das Zeichen des heiligen Kreuzes zu machen, legen wir die Hand an das Haupt, was Gott Vater bedeutet, welcher von niemandem ausgeht; wenn wir die Hand an den Leib legen, bedeutet es seinen Sohn, unseren Herrn, der vom Vater ausgeht und bis in den Leib der heiligsten Jungfrau Maria gekommen ist; wenn wir die Hand von einer Seite zur anderen legen, bedeutet es den Heiligen Geist, der vom Vater und vom Sohn ausgeht. Wenn wir die Hände zusammenlegen, bedeutet es, daß die drei Personen eine wahre Wesenheit sind; wenn wir das Kreuz auf dem Mund machen, bedeutet es, daß in Jesus, unserem Heiland und Erlöser der Vater und der Sohn und der Heilige Geist ist, ein einziger Gott, unser Schöpfer und Herr, und daß die Gottheit niemals vom Leib Christi in seinem Tod getrennt worden ist.

Es gibt drei Weisen zu lügen. Die erste ist: wenn wir zum Spaß oder um jemandem einen Gefallen zu tun, lügen und anderen keinen Mißfallen oder Schaden bereiten, und es ist läßliche Sünde.

Die zweite ist: wenn wir lügen, um jemandem Nutzen oder Gefallen zu bereiten, und es ist noch läßliche Sünde.

Die dritte ist: wenn es gegen den Nächsten ist, und dann ist es Todsünde.

Die erste und die zweite Weise und ebenso die anderen läßlichen Sünden werden mit Weihwasser getilgt, und es ist nicht nötig, sie zu beichten. Aber bei der dritten und den anderen Todsünden ist es erforderlich und in allem notwendig zu beichten.

Nachdem wir das Kreuzzeichen gemacht haben, sagen wir das »*Ich bekenne*«, bis wir einmal »*durch meine Schuld*« sagen; dann gehen wir die Gebote durch und bekennen alle Sünden.

Und indem wir dann zweimal »*durch meine Schuld*« sagen, beenden wir das »*Ich bekenne*«.

Bevor man die Gebote durchgeht, folge ein wenig Nachdenken über das vergangene Leben.

Nachdem Gott unser Herr den Himmel, die Erde und alles geschaffen hatte und der erste Mensch im Paradies war, wurde ihm offenbart, wie der Sohn Gottes Mensch werden würde; und nachdem Adam und Eva gesündigt hatten, erkannten sie, daß Gott Mensch werden würde, um ihre Sünde loszukaufen. Und sie wurden mit einem Bußgewand bekleidet und aus dem Paradies vertrieben. Und dann offenbarten sie ihren Kindern, wie der Sohn Gottes, unser Schöpfer und Herr, Mensch werden würde; und die Kinder den weiteren, und die weiteren den weiteren bis zur Zeit von Abraham, welcher - weil die Welt von Götzendienst voll war - von Gott unserem Herrn gerufen wurde; und von seinem Geschlecht ließ er das erwählte Volk sich vervielfachen, welches danach sehr vom Pharao mißhandelt wurde. Weil dieser das geliebte Volk nicht gehen lassen wollte, wenngleich er so viele Zeichen und Plagen über sich und seinem ganzen Haus sah, ließ Gott unser Herr, indem er seine Knechte befreite, sie alle im Trockenen durch das Rote Meer ziehen, während der Pharao und sein ganzes Heer ertranken. Als danach das geliebte Volk in die Wüste hinaufzog, ließ Gott unser Schöpfer sie sich bereiten und ihre Kleider waschen, um die Gebote in aller Reinheit und geschuldeten Ehrfurcht zu empfangen.

Die Gebote waren auf zwei Tafeln aus Stein geschrieben, die drei ersten auf der einen, zur wahren Ehre und Verehrung Gottes, die sieben anderen auf der andern, zur Ehre und Liebe für den Nächsten.

Um also gut die Gebote zu verstehen, müssen wir wissen, daß die Liebe, ohne welche niemand das Heil erlangen kann, eine Liebe ist, in der wir Gott, unseren Schöpfer und Herrn um seiner selbst willen lieben, und die Nächsten um unseres selben Heilandes willen. Unter »dem Nächsten« verstehen wir jeden Menschen, der das Heil erlangen kann, sei er Gläubiger oder Ungläubiger. Diese müssen wir lieben als Geschöpfe Gottes unseres Schöpfers und Herrn und gemacht nach seinem wahren Gleichnis und Bild. So wie die Liebe nicht ihre eigenen Dinge sucht, sondern allein die des wahren Gottes und unseres Nächsten; und je mehr wir diesem von dem geben, was wir brauchen, um so größer ist die Liebe. Wenn diese glühend ist und in der gerechten Seele, läßt sie alle Glieder auf dem wahren Weg Gottes unseres Herrn wirken, weil die nach dem wahren Gleichnis und Bild Gottes geschaffene Seele, geschmückt und getrieben von der Liebe, macht, daß man in Freude und Friede ist, als würde man in dieser Welt herrschen und alle Widrigkeiten und die Sinnlichkeit unter sich haben. Da unsere Seele drei Fähigkeiten hat, Gedächtnis, Verstand, Willen, ist es um der Liebe zu Gott unserem Schöpfer und Herrn aus ganzem Herzen willen notwendig, daß das Gedächtnis seine Aufgabe erfüllt, indem es sich zuerst seiner Wohltaten - Schöpfung, Erlösung und geistliche Gaben - erinnert, zweitens der Gebote und der Vorschriften der Kirche, um sie zu beobachten, drittens der Aufgabe, die erforderlich ist, um den Leib zu erhalten, um unserer Seele zu helfen, das Heil zu erlangen. Danach kommt es dem Verstand zu, zu verstehen und nachzudenken über alles, was die Seele getan hat, um sich zu erinnern. Zweitens dem Willen, der über den anderen Fähigkeiten der Seele steht, und sich in allem zu bemühen, sich zu freuen, damit die Seele in allen Dingen ihrem Schöpfer und Herrn genehm ist; dafür ist es notwendig, daß sie nicht für die ganze Welt eine Todsünde gegen Gott unseren Schöpfer und Herrn begehe. Und auf diese Weise werden wir Gott mit dem ganzen Herzen, mit der ganzen Seele und mit dem ganzen Willen lieben.

Zweitens: nicht eitel beim Namen Gottes schwören. Unter diesem Gebot verstehen wir, daß wir weder beim Schöpfer noch bei einem Geschöpf schwören können oder dürfen, wenn es nicht mit aller Wahrheit, mit großer Notwendigkeit und der geschuldeten Ehrfurcht ist. Und es ist größere Sünde, beim Schöpfer zu schwören als beim Geschöpf; aber es ist schwieriger, in der geschuldeten Weise beim Geschöpf als beim Schöpfer zu schwören, was Sache der Vollkommenen ist.

Das dritte Gebot ist: den Tag des Sonntags einhalten; weil an ihm alle Arbeit, aller Handel und menschliche Mühe verboten ist, müssen wir, indem wir über gute Werke sprechen und unsere Seelen zur Heiligung unserer Nächsten durch ständige

Reue und häufige Beichte bereiten, mit dem ganzem Herzen den heiligen Tag des Sonntags heiligen.

Das vierte ist: den Vater und die Mutter ehren; und es sind die natürlichen, zeitlichen und geistlichen Eltern gemeint; die natürlichen, indem man ihren Nöten zu Hilfe kommt und ihnen die geschuldete Ehre und Ehrfurcht und den Gehorsam in den Dingen erweist, die indifferent oder in sich gut und gerecht sind; doch in einer Sache, die Sünde wäre oder wenn wir einen Stand von mehr Vollkommenheit erwählen wollen und die Eltern uns davon abbringen wollten, dürfen wir niemals unseren Vätern und unserer Mutter gehorchen.

Das fünfte: nicht töten, das heißt weder leiblich noch geistlich. Dem Leib nach dürfen wir dem nächsten nicht das Leben nehmen, noch ein Glied, noch ihn verwunden, nicht einmal in ungeordnetem Zorn den Sohn oder die Tochter, den Knecht oder die Magd strafen. Nach dem wahren Geist dürfen wir nicht jemandem den Ruf nehmen, indem wir sagen, er sei in Todsünde.

Das sechste ist: nicht Unzucht treiben, das heißt weder leiblich noch geistlich. Denn jedesmal, daß uns irgendein Gedanke, unzüchtig zu handeln, kommt und wir ihm Gehör geben oder etwas dabei verweilen oder uns daran freuen, ist es, auch wenn es keine Zustimmung ist, immer Sünde, zumindest läßliche; und wo Zustimmung ist, ist es Todsünde; und wenn man es ins Werk setzt, wird die Todsünde größer.

Das siebente: nicht stehlen, das heißt überhaupt keine Sache, weder eine große noch eine kleine, können wir dem Nächsten wegnehmen oder behalten ohne seinen Willen, wenn dieser wohlgeordnet ist; es ist also verboten, irgendeinen Gegenstand, der dem Nächsten nützlich sein kann, wegzunehmen oder zu behalten.

Das achte: kein falsches Zeugnis gegen unseren Nächsten geben. Um dieses Gebot zu verstehen, müssen wir auf eine Sache achten: zu lügen ist immer Sünde; und es ist etwas anderes, falsches Zeugnis zu geben, was die Lüge einschließt; und deshalb ist das falsche Zeugnis so sehr verboten.

Das neunte: nicht die Frau eines anderen begehren. Und dieses Verlangen und diese Begierde kann lediglich Stoff im sinnlichen Bereich sein oder im geistigen oder in beiden. Im ersten kann es läßliche Sünde sein; im zweiten und dritten ist es Todsünde, wenn volle oder einschließliche Zustimmung vorliegt.

Das zehnte: nicht nach dem Eigentum des anderen verlangen; und hier ist die Begierde auf dieselbe Weise wie beim neunten. *Gleichfalls* dürfen wir nicht nach irgendeiner Sache des Nächsten verlangen.

Diese Gebote lassen sich auf zwei zurückführen, nämlich Gott unseren Herrn um seiner selbst willen und den Nächsten um unseres selben Herrn willen zu lieben.

Und um gut zu verstehen, ist es sehr notwendig und angebracht, daß die Person in allen veränderbaren Dingen indifferent ist, wie es Reichtümer, Armut *usw.* sind, indem sie ihr Herz dem Schöpfer und Herrn überläßt, ohne irgendeine ungeordnete Zuneigung zu haben.

Die Gebote der Kirche

Da die Kirche eine Versammlung der christlichen Gläubigen ist und erleuchtet und geleitet wird von Gott unserem Herrn, haben wir zu verstehen, daß jener unser selbe Herr, der die zehn Gebote gegeben hat, auch der hauptsächliche Geber derer ist, welche die Kirche aufstellt, damit wir in allem Gehorsam und allem Dienst für seine Majestät sicherer das Heil erlangen können.

Das erste Gebot ist: die ganze Fastenzeit, ausgenommen die Sonntage, fasten, so daß es Todsünde ist, einen einzigen Tag das Fasten zu unterlassen, und die Quatembertage und Vigilien, welche die Kirche anordnet; außer diejenigen, welche ihr Leben verdienen mit schwerer Arbeit oder Wandern zu Fuß oder irgendeine wohlgeordnete Notwendigkeit haben; jene, die krank sind, bedeutende Personen, Ammen oder diejenigen, die von beachtlichem Alter sind; diejenigen, die noch nicht 21 Jahre alt sind. Nichtsdestoweniger ist es besser, daß die Väter ihre Söhne dazu bewegen zu fasten, bevor sie 21 Jahre alt sind, besonders wenn sie zu Sünden geneigt sind.

Das zweite ist: die von der Kirche angeordneten Feste einhalten. Dieses Gebot ist zu verstehen wie das dritte: den Sonntag beobachten. Wir müssen nachahmen und besonders beten im Gedächtnis des Heiligen, der gefeiert wird.

Das dritte ist: die Messe an dem Festtag hören, den die Kirche anordnet; und sie soll vollständig sein, indem man mit Geist und Leib aufmerksam ist und auf die Worte des Priesters hört, ohne zu stören.

Das vierte ist: wenigstens einmal im Jahr beichten, und je häufiger, desto besser.

Und so das fünfte: nämlich kommunizieren.

Die sieben Hauptsünden

Die erste ist der Hochmut. Dann ist der Mensch hochmütig, wenn er über seine Kräfte vorangeht, sei es in Verachtung unseres Herrn oder der Nächsten, indem er aufgeblasen geht über seine inneren oder äußeren Kräfte.

Die zweite ist die Habsucht, welche ein ungeordnetes Streben und Verlangen ist, zeitliche Reichtümer zu haben, das niemals mit dem satt ist, was es hat, und noch weniger mit dem, wonach es verlangt, sobald es dieses erreicht hat.

Die dritte ist die Wollust; dies wird verstanden, wie es im sechsten und neunten Gebot erklärt worden ist. Zu bemerken ist, daß es verdienstlich ist, wenn man einen schlechten Gedanken sofort vertreibt; genauso ist es Sünde und große Gefahr gänzlichen Verfalls, wenn man den guten Eingebungen des Herrgotts nicht zustimmt.

Die vierte ist der Zorn, welcher ein plötzlicher Wandel der Seele ist mit Verwirrung; und er ist immer Sünde, wenn der Wille schlecht ist.

Die fünfte ist der Neid, worunter zu verstehen ist: wenn wir das Gedeihen des Nächsten nicht sehen oder hören wollen, sei es an Habe oder geistlichen oder zeitlichen Gütern. Es gibt jedoch einen heiligen Neid oder die Einladung, die Heiligen darin nachzuahmen, gegen uns selbst zu sein, und ihnen zu folgen in allen Werken aufrichtiger Liebe und Güte.

Die sechste ist die Gaumenlust; darunter ist zu verstehen: wenn im Essen oder Trinken Übertreibung besteht; diese Übertreibung liegt vor, wenn man im höheren Teil urteilt, daß das sinnenhafte Verlangen ungeordnet vorangeht.

Die siebente ist die Unlust, welche deshalb, weil sie die Nachlässigkeit, Lauheit und den Müßiggang in sich hat, eine Schule aller anderen Laster und Sünden ist.

Die fünf Sinne des Leibes

Der erste ist Sehen. Wir sündigen dann, wenn wir etwas mit schlechter Absicht sehen. Und da die Sicht ein Werkzeug unseres Todfeindes ist, ist sie ein Fenster, durch das alle anderen Laster und Sünden eintreten.

Der zweite ist Hören. Wir sündigen dann, wenn wir mit einiger Freude einige lasterhafte Dinge hören oder aber nicht in die guten Dinge einwilligen, obwohl wir es in passender Weise könnten.

Der dritte ist Riechen. Dann sündigen wir, wenn die Dinge, die wir riechen, einen auf eine ungeordnete Vergnügung ausrichten.

Der vierte ist Schmecken. Dann sündigen wir, wenn wir das Verlangen ungeordnet bewegen.

Der fünfte ist Berühren. Dann sündigen wir, wenn die Absicht nicht wohlgeordnet ist.

Die Werke der Barmherzigkeit

Das erste ist: dem Armen, der Hunger hat, zu essen geben, nicht dem Verwandten, der keine solche Notwendigkeit hat. Und wenn wir Almosen geben von dem, was wir zuviel haben, ist es Pflicht; doch wenn von demjenigen, was wir selbst brauchen, ist es Vollkommenheit. Und jedes Almosen muß auf den größeren geistlichen Nutzen hingeordnet werden.

Und so das zweite: dem zu trinken geben, der Durst hat.

Das dritte: die Nackten bekleiden.

Das vierte: die Pilger beherbergen.

Das fünfte: die Kranken besuchen.

Das sechste: die Eingekerkerten befreien.

Das siebente: die Toten begraben.

Die sieben geistlichen Werke

Das erste ist: guten Rat geben, indem man zu den geistlichen Dingen zu einer Zeit und in einer Weise ermahnt, daß es ihnen helfen kann.

Das zweite ist: die Unwissenden in all den Dingen belehren, die bei Gelegenheit der Seele helfen können, damit sie besser Gott unserem Herrn dienen kann.

Das dritte: die Bosheit zurechtweisen; dies geschieht am besten mit Liebe; und wenn man durch sich selbst jemanden nicht von der Sünde erheben kann, nimm die Gunst anderer in Anspruch, die helfen können und nicht schaden.

Das vierte: die Bedrängten trösten in Freude und geistlicher Zufriedenheit und nicht in fleischlichem Gefallen.

Das fünfte: die Beleidigungen vergeben, indem man guten Herzens ist und sich im Beleidigtwerden freut, oder noch vollkommener.

Das sechste ist: in den Widrigkeiten Geduld haben, indem man sich in die Hände Gottes gibt und das will, was er will.

Das siebente ist: für die Freunde und Feinde beten und für jeden, der das Heil erlangen kann.

ANHANG II

AUS:
PETER FÜESSLIS JERUSALEMFAHRT 1523

[3. September] So ritten wir dieselbe Nacht bis acht Meilen auf Jerusalem zu. Da saßen wir ab und ruhten, bis es Tag wurde [4. September]. Dann zogen wir zu Fuß bis nach Jerusalem, daß wir um zehn da waren. Da führte man uns zuerst auf den Berg Sion. Dort ist ein Barfüßerkloster; sind Observanzer. Da gab man uns zu Imbiß und führte uns danach in das Haus, wo man die Pilger hinleitet. Das ist nahe bei dem Heiligen Grab. Und sie gaben jedem eine Decke und ein Kissen, und an einem jeden Tag ein Brot und zweimal Wein aus dem Kloster, daß wir genug zu trinken hatten.

[5. September] Und am nächsten Tag, am Samstag am Morgen früh, da gingen wir wieder in das Kloster und hörten Messe. Und als die Messe aus war, da predigte der Niederländer, der des Guardians Statthalter war. Und er sagte uns, wie das die Stätte sei, wo unser Herr das Osterlamm und sein letztes Nachtmahl gegessen habe mit seinen Jüngern. Dort habe er ihnen die Füße gewaschen und das heilige Sakrament da eingesetzt.

Und führte uns danach aus der Kirche und zeigte uns die Stätte, wo unsere Frau und die Jünger beieinander versammelt waren, als sie den Heiligen Geist empfingen. Dieselbe Kapelle stand hinten am Chor. Sie haben sie aber schließen müssen aus der Ursache, daß die Mauren nicht wollten, daß die Christen ihr Ding auf dem ihren hätten; denn darunter liege David begraben, den ehrten die Mauren.

Und danach führte man uns an den Ort, wo die Jünger am Ostertag beieinander versammelt waren und ihnen unser Herr erschien. Und nach acht Tagen am selben Ort hat St. Thomas unserem Herrn die Hand in seine Seite gelegt. In derselben Kapelle ist ein Stück von der Säule, an der unser Herr gegeißelt worden ist.

Danach führte man uns aus dem Kloster, und gerade dabei ist die Hofstatt, wo unsere Frau verschieden ist. Und gleich dabei ist der Ort, wo St. Johannes der Evangelist unserer Frau oft Messe gelesen habe.

Und danach führten sie uns an den Ort, wo unser Herr die Zwölf Boten geheißen hat, in alle Welt zu gehen und das Evangelium zu verkünden. Danach zeigten sie uns die Stätte, wo St. Stefan ursprünglich begraben worden ist. Und danach, wo das Osterlamm gebraten wurde. Und danach an einen Ort, wo unser Herr oft gepredigt hat. Dort sind zwei Steine; da soll auf dem einen unser Herr gesessen sein, auf dem anderen unsere Frau. Und gleich, wenn man in die Kirche geht, da ist unserer Frau Bethaus gewesen. Da hat sie ihrer Gebete viele gesprochen nach der Auferstehung unseres Herrn. Diese Heiligen Stätten liegen alle ringweise beieinander. Vor Zeiten ist alles bebaut gewesen mit Kirchen, aber jetzt ist es alles zerstört, bis auf das Kloster.

Und am selben Samstag zu Abend, da führte man uns zuerst in das Heilige Grab. Nun ist das Heilige Grab und die anderen Heiligen Stätten, die hernach beschrieben werden, mit einer großen Kirche oder einem Münster überbaut, die Helena hat machen lassen. Sie hat auch die anderen Heiligen Stätten, die in Jerusalem und darum liegen, mit Kirchen bebaut, deren viele zerstört sind und etliche öde liegen. Und bevor man uns hineinließ, mußte der Patron für einen jeden Pilger 7 Dukaten geben, und dem Schreiber und dem Dolmetscher auch etliches Geld. Und als sie die Türken bezahlten, da schrieb er uns alle auf und ließ uns ein.

Da gingen wir zuerst in der Barfüßerbrüder Kapelle. Da legten wir unsere Dinge hin, die wir mit uns gebracht hatten: Kissen und Decken, auf denen wir liegen sollten. Und als die Pilger zusammenkamen, da nahmen die Herren ein Kreuz und sangen ein *Salve* in derselben Kapelle; die ist auf der rechten Hand neben dem Heiligen Grab. Und als es aus war, da stand des Guardians Statthalter und sagte uns, in der Kapelle seien drei Stücke. Das erste sei: Unser Herr sei da unserer Frau zuerst erschienen nach seiner Auferstehung. Das andere Stück, an dem unser Herr gegeißelt worden ist, steht rechterhand, wenn man zur Tür hineingeht. Das dritte ist: Als das Heilige Kreuz zuerst gefunden wurde, da hat man sie alle drei erst in die Kapelle gebracht und einen toten Leib daraufgebracht. Der ist an unseres Herrgotts Kreuz wieder lebendig geworden. Und danach gingen sie mit dem Kreuz aus der Kapelle. Und vor derselben Tür, da sind zwei runde Marmorsteinplatten nicht weit voneinander. Da sagte er uns, es sei die Stelle, wo unser Herr St. Maria Magdalena erschien in eines Gärtners Weise und zu ihr sprach: »Du sollst mich nicht anrühren.«

Danach führten sie uns an den Ort, wo unser Herr gesessen hat, bis ihm die Juden das Kreuz bereiteten. Und danach an den Ort, wo die Schergen um unseres Herrgotts Rock spielten. Und danach eine Stiege hinab zu 29 Stufen in eine Kapelle; heißt St. Helena-Kapelle. Und von derselben Kapelle noch eine Stiege hinab zu 11 Stufen unter einen Felsen an die Stätte, wo St. Helena das Heilige Kreuz gefunden hat. Und danach wieder hinauf. Und linkerhand ist da ein Stück von dem Stein, worauf unser Herr gesessen hat, als man ihm die Dornenkrone aufgesetzt hat. Und danach auf den Berg - heißt Calvario - noch eine Stiege hinauf, 19 Stufen hoch. Dort zeigte er uns das Loch, worin das Heilige Kreuz gestanden ist. Und wie das die Stätte ist, wo unser Herrgott um unseretwillen verschieden ist, sagte er uns mit großem Ernst. Und wie sich der Felsen zerspalten habe. Und die Stätte, wo unser Herr an das Heilige Kreuz genagelt wurde.

Und danach führten sie uns an den Ort, wo unser Herr gesalbt und eingewickelt wurde, als er von dem Kreuz genommen wurde; das ist zwischen dem Berg Calvario und dem Heiligen Grab. Und danach führten sie uns in das Heilige Grab. An diese Orte führten sie uns mit dem Kreuz und sangen. Und sagte uns dann der Statthalter, was an jedem Ort geschehen sei. Und wir sollten Gott danken, daß er uns zu den Heiligen Stätten geholfen habe. Und sagte, welcher Ablaß an jeder Stätte sei, für Pein und für Schuld, dort und an anderen Stätten um Jerusalem, und zusammen 7 Jahre und 7 Quadragene.

Und da gingen wir in das Heilige Grab. Das ist überbaut mit einem Kapellchen, daß man zuerst in eine Kapelle kommt, bevor man in das Heilige Grab kommt. Und danach schlüpft man zu einem niedrigen Türlein hinein. Da ist das Heilige Grab. Darin ist soviel Platz, daß vier nebeneinander knien können. Und danach ging ein deutscher Barfüßer-Herr, der hieß Herr Hugo, mit uns noch einmal zu den vorgenannten Stätten und sagte uns alle Dinge genau. Und danach gingen wir wiederum in das Heilige Grab, denn wir hatten Zeit genug; unser waren nicht viele.

Und danach legten wir uns, bis die Herren Mette singen anfingen. Da standen wir auf und beichteten Herrn Hugo; der reichte uns in dem Heiligen Grab das Sakrament. [6. September] Und als es Sonntag morgen gegen sechs wurde, da ließ man uns aus dem Heiligen Grab. Da gingen wir wieder in unser Haus.

Und nachmittags gegen drei, da kamen die Herren wieder zu uns und führten uns zu diesen nachbeschriebenen Stätten. Zuerst in das Haus, worin St. Peter gefangen gelegen ist. Und danach außen an das Münster, das um das Heilige Grab geht. Da ist ein Fenster, wo man zum Heiligen Grab sieht. Und danach, wo inwendig das Heilige Kreuz gestanden ist, da zeigt man uns: da außen sei die Stätte, wo Abraham seinen Sohn Isaak hat aufopfern wollen. Und neben derselben, da habe Melchisedek Abraham Brot und Wein geopfert, als er von der Schlacht kam. Danach zeigten sie uns St. Veronikas Haus. Und danach an den Ort, wo die Frauen weinten um unseren Herrn und der Herr sprach: »Ihr Töchter von Jerusalem, weinet nicht über mich.«

Und danach zeigten sie uns des reichen Mannes Haus mit dem armen Lazarus. Danach das Haus Simons des Aussätzigen, wo St. Maria Magdalena unserem Herrn die Füße mit ihren Tränen wusch und ihr alle ihre Sünden vergeben wurden. Und danach zu der Pforte, wo St. Peter und St. Johannes den Lahmen gesund machten. Da sieht man den Tempel. Danach an die Straße, wo die Juden Simon Cyrenäus zwangen, daß er unserem Herrn das Kreuz tragen helfen mußte. Und danach an den Ort, wo unsere Frau unseren Herrn unter dem Kreuz sah und ohnmächtig wurde. Und danach, wo unser Herr unter dem Kreuz wieder hingesunken ist. Und danach zeigten sie uns das Haus von Pilatus; da sind zwei Steine auf einem Gewölbe eingemauert. Da sagten sie uns, auf dem einen sei unser Herr gestanden und auf dem anderen Pilatus, als er gesprochen hat: »Nehmt wahr: dieser Mensch.«

Und zeigten uns den Ort, wo unser Herr gegeißelt worden ist. Und danach vor Herodes' Haus. Und danach abermals an eine Pforte zum Tempel. Und danach in St. Annas Haus, wo unsere Frau geboren ist. Dort ist eine schöne Kirche; auch diese hat St. Helena bauen lassen. Und danach zeigten sie uns die Fischgrube, wo unser Herr den Bettlägerigen gesund gemacht hat. Es ist aber jetzt kein Wasser mehr da.

Darin ist auch eine Pforte zum Tempel. [7. September] Und am Montag, dem 7. Herbst, am Morgen früh, da gingen wir abermals auf den Berg Sion in das Kloster und hörten Messe. Und zogen von da mit unseren Eseln nach Betanien. Und fast am Anfang des Wegs, da zeigten sie uns den Ort, wo die Juden den Zwölf Boten unsere Frau genommen haben wollten, als sie sie zum Grab tragen wollten. Da konnten sie sie nicht ergreifen.

Und danach zeigten sie uns den Ort, wo St. Peter geweint hat, nachdem er unseren Herrn verleugnet hatte. Danach zeigten sie uns den Tempel, worin unsere Frau geopfert wurde. Und danach gingen wir über den Bach Kedron. Es ist aber zu der Zeit kein Wasser mehr darin. Da zeigten sie uns dort Absaloms Grab. Und danach eine Höhle, in der sich Sankt Jakob der Jüngere verborgen hat. Und danach zeigten sie uns den Ort, wo der Feigenbaum gestanden ist, den unser Herr verflucht hat, und die Gegend, wo sich Judas selbst erhängt hat.

Und danach nach Betanien, wo das Haus Simons gestanden ist, wo unser Herr zur Nacht aß und ihn St. Maria Magdalena mit der kostbaren Salbe salbte. Und danach Lazarus' Haus und sein Grab. Da mußten wir die Schuhe abtun, bevor wir hineingingen. Und hinten am selben Gewölbe, da ist ein Höhlchen, worin St. Maria Magdalena auch Buße getan hat.

Und danach zu dem Gemäuer, wo St. Maria Magdalenas Haus gestanden ist. Und danach, wo Martas Haus gewesen ist. Und unfern davon ist ein Stein; da sagten sie uns, unser Herr sei darauf gesessen, bis Marta und Maria Magdalena zu ihm gekommen sind und zu ihm gesprochen haben: »Herr, wärest du hier gewesen, so wäre mein Bruder nicht gestorben.« Nun sind diese Stücke alle am Ölberg.

Und beim Wieder-Zurück-Reiten zeigten sie uns die Stätte, wo unser Herr auf dem Esel gesessen ist, als er am Palmtag einritt. Und danach an einen Ort, wo sie uns sagten, daß die heiligen Zwölf Boten daselbst das Glaubensbekenntnis gemacht hätten. Und wo unser Herr gesessen ist und die Jünger zu ihm sprachen: »Herr, lehre uns beten.« Da hat er das *Pater noster* gemacht.

Und danach linkerhand, da ist eine Kirche gestanden, die St. Helena zu unserer Frau Ehre bauen ließ. Da hat unsere Frau alle Male geruht, wenn sie von Betanien nach Jerusalem gegangen ist. Und ein wenig weiter, da ist ein Grabmal etlicher Könige von Jerusalem gewesen; da schlüpft man durch ein niedriges Loch hinein und ist darinnen weit umher unter der Erde in einem Felsen gehauen, und viele Löcher in den Felsen gemacht, worin man die Könige gelegt hat.

Und danach an den Ölberg an den Ort, wo unser Herr zum Himmel gefahren ist. Und danach an den Ort, wo der Engel unserer Frau verkündete, daß sie von dieser Zeit scheiden müsse, und ihr einen Palmast gab. Und danach die Stätte, wo unser Herr gesessen ist und den Jüngern von dem Jüngsten Gericht gesprochen hat. Und zeigten uns danach die Straße, an der unser Herr geweint hat über die Stadt Jerusalem.

Und danach an den Ort, wo der Engel St. Thomas unserer Frau Gürtel brachte. Und danach an den Ort, wo die drei Jünger Petrus, Jakobus und Johannes schliefen am Hohen Donnerstag zur Nacht. Und danach an den Ort, wo unser Herr gefangen wurde. Und danach, wo unser Herr gebetet und wo er dann blutigen Schweiß geschwitzt hat. Das ist in einem Felsen unter der Erde. Und unserer Frau Grab ist nahe dabei. Und danach zeigten sie uns den Ort, wo unser Herr die acht Jünger ließ sitzen und die drei mit sich nahm am Hohen Donnerstag nachts.

[8. September] Und an unserer Frau Tag – es war am Dienstag, dem 8. Herbst – ritten wir gegen drei aus nach Betlehem. Da steht ein Baum auf halbem Weg, bei dem uns die Herren sagten, unsere Frau habe da geruht, als sie unseren Herrn nach Jerusalem gebracht und im Tempel dargestellt hat nach dem Gesetz. Und danach zeigten sie uns die Stätte, wo den Heiligen Drei Königen der Stern wiederum erschien, als sie vor Jerusalem herauskamen. Und danach ein Haus; man sagte uns, es sei Elias Haus; aber Herr Hugo, der sagte mir zur Nacht, daß Elia da geschlafen habe. Und danach das Grab, wo Rachel begraben gewesen ist.

Und danach ritten wir vor Betlehem außerhalb an den Ort, wo die Engel den Hirten erschienen und ihnen verkündeten, daß unser Herr geboren sei. Da ist eine Kirche gestanden, sie ist aber zerstört. Und danach ist eine Kapelle da. Da hat der Engel Josef verkündet, daß er mit unserer Frau und mit dem Kind nach Ägypten fliehen solle. Und danach führten sie uns in eine Höhle, worin unsere Frau auch etliche Zeit mit ihrem Kind gewohnt hat.

Und danach, wo unser Herr geboren worden ist. Da ist ein Barfüßerkloster; gehört auch zu dem zu Jerusalem. Und als wir in das Kloster kamen, da führte man uns zuerst dorthin, wo wir schlafen sollten. Da taten wir unser Zeug hin. Und danach gingen die Herren mit dem Kreuz mit uns und zeigten uns die Heiligen Stätten, die ich hernach beschreiben will, und führten uns da zum Nachtessen.

Und nach dem Nachtmahl, da führte uns Herr Hugo, unser Beichtvater, noch einmal zu den Heiligen Stätten. Zuerst eine Stiege hinab, wo viele der Unschuldigen Kindlein begraben sind. Und danach in die Felsspalte oder Höhle, worin unser Herr geboren worden ist. Und über derselben Stätte, wo er geboren wurde, da liegt ein Altarstein, um Messe darauf zu haben. Und daneben rückwärts rechterhand ist die Krippe gewesen, in die unsere Frau unseren Herrn hineingelegt hat. An demselben Ort, da haben die Heiligen Drei Könige unserem Herrn das Opfer gebracht. Und hinten in der Höhle im Winkel ist ein Loch. Da sagten sie uns, daß der Stern, der den Heiligen Drei Königen geleuchtet hat, der sei daselbst in die Erde geschlüpft. Und danach aus der Felsspalte eine Stiege hinauf, 16 Stufen hoch; da ist ein Altar, da haben sich die Heiligen Drei Könige mit ihrem Opfer gerüstet und sind danach in die Höhle gegangen. Und neben demselben Altar im Winkel, da ist auf eine Zeit, in der die Ungläubigen die Marmorsteine von der Mauer brechen wollten, da ist eine feurige Schlange aus dem Winkel an der Mauer umgegangen, daß man es noch sieht. So sagte uns Herr Hugo. Als das die Ungläubigen gesehen, da sind sie erschrocken und haben sie stehen lassen.

Und danach führte er uns an den Ort, wo unser Herr beschnitten worden ist. Und danach in die St. Katharina-Kapelle, die ist zu St. Katharinas Ehre geweiht. Da sagte uns der Statthalter: Wer eine Fahrt zu St. Katharina versprochen hat und nicht dorthin kommen kann, so nehme man sie ihm da ab und erlaube ihm, das ganze Rad zu führen [das Zeichen der Katharinenritter]. Und führte uns danach, wo St. Hieronymus' Zelle gewesen ist, worin er die Bibel zu Latein gemacht. Danach sein Grab, wo er begraben gewesen ist; und das Grab von St. Eusebius, der St. Hieronymus' Jünger gewesen.

Danach zeigte er uns die Kirche; die hat schöne marmorsteinerne Säulen. Da sagte er uns, ihrer seien fünfzig, und meinte, es koste eine jede 1000 Gulden. Und ist einst ein großer Bau um die Kirche gewesen, der fast abgetragen ist, bis an das Kloster. Und denselben Weg, den wir gekommen waren, gingen wir wieder.

[9. September] Und am Mittwoch früh zur Mette weckte man uns wieder auf. Da hörten wir Messe in der Gruft, worin unser Herr geboren worden ist. Und als es Tag wurde, da ritten wir davon. Da führten sie uns zuerst zu einem fließenden Brunnen, wo Sankt Philipp den Königlichen getauft hat, wie es steht in der Wirkung der Zwölf Boten [Apostelgeschichte] im achten Kapitel. Und danach kamen wir zu Zacharias' Haus, wo unsere Frau zu St. Elisabet gekommen ist, als sie über das Gebirge ging und St. Elisabet sie empfing und sprach: »Gesegnet bist du unter den Weibern, und gesegnet ist die Frucht deines Leibes.« Da hat unsere Frau das Magnifikat gemacht; da ist auch eine Kirche gewesen.

Danach kamen wir abermals zu einem fließenden Brunnen; die sind selten in dem Land. Da saßen wir ab und aßen, was wir mit uns gebracht hatten. Und danach kamen wir dorthin, wo St. Elisabet St. Johannes den Täufer geboren hat. Da ist auch eine Kirche. Und neben dem Chor linkerhand ist eine Kapelle. Da sagten uns die Herren, da sei St. Johannes geboren worden. Und im Chor, da sei Zacharias gewesen, als man ihn gefragt habe, wie man das Kind nennen solle. Da hat er es geschrieben und ist danach redend geworden. Und hat das Benedictus gemacht. Dieselbe Kirche liegt auch wüst. Die Mauren haben ihr Vieh darin.

Und danach führten sie uns zu einer Kirche, wo ein Stück vom Heiligen Kreuz gewachsen ist. Dieselbige Kirche haben die Georgier inne. Und danach wiederum nach Jerusalem auf den Berg Sion.

[10. September] Und danach wiederum am Donnerstag am Morgen früh gingen wir wieder in das Kloster. Da führten sie uns in den Gottesacker. Und danach in eine Höhle, worin sich etliche von den Zwölf Boten verborgen hatten bis an den Ostertag. Und danach, wo Jesaja mit einer hölzernen Säge zersägt worden ist. Da steht ein Baum. Und gleich dabei ist das Wasser Transiloe [Siloach], wo sich der Blindgeborene, den unser Herr dorthin gehen hieß, waschen gegangen ist und sehend wurde.

Und danach kommt man abermals zu einem Brunnen; zu dem geht man nieder hinab in die Erde. Da sagten sie uns, unsere Frau habe oft Wasser dort geholt. Und danach gingen wir den Bach Kedron hinauf, wo er läuft, wenn er durch das Tal Josafat zu fließen beginnt. Und gingen noch einmal in die Höhle, wo unser Herr am Ölberg gebetet hat. Und danach zu unserer Frau Grab. Da ist auch eine große Kirche tief in der Erde. Und ist unserer Frau Grab auch mit einem kleinen Kapellchen überbaut, in die vier oder fünf Mann zugleich hineinkönnen. Und in derselben Kirche ist St. Anna auch begraben gewesen. Danach gingen wir heim.

Und nach der Vesper führte uns Herr Hugo in Kajafas' Haus. Und wenn man in den Hof kommt, ist da der Platz, wo das Feuer gewesen ist, bei dem sich St. Peter gewärmt hat, als er unseren Herrgott verleugnete. Da steht jetzt ein Baum. Und danach in die Kirche; da liegt der schwere Stein auf dem Altar, der vor der Tür des Heiligen Grabs gestanden ist, wo die Marien sprachen: »Wer wird uns den Stein wegtun?« Denn er ist groß. Und daneben rechterhand ist ein Gewölblein mit einem niedrigen Türlein, daß gerade zwei Mann hineinkönnen. Da sagte er uns, daß die Hirten in der Nacht sich bei unserem Herrn versteckt haben. Dieselbe Kirche haben die Armenier inne.

Und danach führte er uns in das Haus von Hannas, wohin man unseren Herrn vor Hannas geführt hat. Da ist auch eine Kirche. Und neben dem Altar, da ist eine Stätte, wo unser Herr auf seine heilige Wange geschlagen wurde. Und neben der Kirche linkerhand steht ein Ölbaum; da sagten sie uns, daß die Juden unseren Herrn an denselben Baum gebunden hätten, als sie ihn dorthin brachten. Diese Kirche haben die Armenier inne. Und danach in St. Jakobs Kirche, wo St. Jakob der Ältere enthauptet wurde. Die haben auch die Armenier inne.

[11. September] Und am Freitag am Morgen – es war unseres Herren Tag – gingen wir wieder in das Kloster. Da führte uns Herr Hugo in die Höhle, worin David oft sein Gebet gesprochen hat. Das haben die Inder inne. Danach zu den Schwestern. Und nahmen Agnus Dei [Devotionalien]. Danach heim.

Und am Abend führte man uns zum anderen Mal in das Heilige Grab. Da blieben wir [12. September] bis am Samstag; am Morgen führte man uns wieder heraus. [13. September] Und am Sonntag lagen wir still.

Und am Montag war Heilig-Kreuz-Tag. Da sagte man uns, man wolle uns zum Jordan führen. Aber der Patron sagte: Wenn man ihm nicht Geld liehe, so wüßte er uns nicht dorthinzuführen. So liehen ihm etliche. Und als er nicht so viel zu entlehnen fand, als er gern gehabt hätte, da gab er das andere auch wieder. Und wir machten uns nichtsdestoweniger auf den Weg. Denn es war mit den Geleitsleuten geordnet, pünktlich zu reiten. So rüsteten wir uns mit Essen und mit Trinken, denn wir fänden nichts auf der Straße und müßten aber zum mindesten einen Tag und eine Nacht aus sein.

Und gegen vier am Abend, da gab man uns die Esel, und wir zogen los. Da kamen die Geleitsleute zu uns, ungefähr dreißig zu Roß und zu Fuß, mit Büchsen und mit Bogen stark genug. Und als wir vor Betanien herauskamen, da gaben sie den Rossen ein Fuder, nicht lang. Danach zogen wir los. Und da wir ziemlich lang in die Nacht geritten, da machten sie ein Geschrei, als wenn die Araber hinter ihnen her wären. Aber wir meinten, es sei nichts daran, denn wir wurden außer ihrer niemandes gewahr. Und ritten wieder weiter [14. September] ungefähr bis gegen Tag um drei.

Und am Morgen, da kamen wir dorthin, wo Jericho gestanden ist. Da saß man ab, und jedermann aß, was er sich mitgebracht hatte. Und wie wir zu essen anfangen, so kommt ein Türke mit einem Kolben und nimmt uns eine Flasche mit Wein. Dessen waren wir nicht wohl zufrieden, denn sie hatten uns zuvor auch eine genommen. Und wir hatten nun noch eine voll, die behielten wir bis morgen, und aßen das Übrige, ohne zu trinken. Und blieben da etwas mehr als eine halbe Stunde.

Und zogen fürbaß zu einem Haus, das man St. Johannes Baptistas Haus oder Kloster nennt; es ist ungefähr einen Büchsenschuß vom Jordan. Da saßen wir auch ein wenig ab, bis es zu tagen anfing. Da führten sie uns in den Jordan. Da mußten wir eilends hinein, wer hineinwollte, und gleich wieder heraus. Denn die Reisigen saßen nie ab. So bereiteten wir uns schnell und gingen in den Jordan, etliche ganz; etliche wuschen nur die Hände und Antlitz, und etliche schwammen ganz hinüber, je wie einer Lust hatte. Da sagten uns die Barfüßer-Herren, deren viele mit uns ritten, an demselben Ort habe St. Johannes unseren Herrn getauft. Das ist nicht weit vom Toten Meer, wo der Jordan hineinläuft. Es ist nicht ein allzu großes Wasser; ich schätze es ungefähr zweimal so groß wie die Glatt [Fluß im Kanton Zürich]. Und geht genauso still und gemach. Ist trübe und hat einen lehmigen Grund.

Und so ritten wir wieder nach Jericho. Da mußten wir absitzen und zum Morgen essen. Sie sollten uns aber zum Berg Quarantan [Djebel Quarantal] geführt haben – das ist früher der Brauch gewesen –, wo unser Herr die 40 Tage gefastet hat. Und ist der Brunnen da, den der Prophet Elischa süß gemacht hat. So aßen wir da zu Morgen und brauchten die letzte Flasche mit Wein und sparten einen Teil und wollten warten, bis es heiß würde. Und der Hauptmann meinte, er wolle sie beschirmen, denn er hatte sie dorthin gebracht.

Und nach dem Essen saßen wir wieder auf. Und als man in Richtung Jerusalem ritt, da ist linkerhand unten am Berg nach dem Toten Meer ein altes Gemäuer. Da ist St. Hieronymus' Kloster gewesen. Und als wir ritten, da wären etliche gerne zu dem Berg Quarantan gewesen. Da waren etliche Türken, die führten uns und etliche Mönche und zwei Priester und die Spanier zum Berg Quarantan und zum Brunnen, der da unten beim Berg ist. Und als wir dorthin ritten, da ritt uns ein Türke nach – ich weiß nicht, ob er voll Weins war oder ob ihn der Umweg verdroß; er mahnte uns, schnell zu reiten. »Camina, camina«, sagte er. Und wollten aber unsere Esel nicht schneller gehen. Da zog er das Messer und rannte mir nach und stupfte mir den Esel, und rannte da dem Hauptmann auch nach und schlägt uns auf den Bauch; und ritt danach zum Heini Ziegler und schlug ihn mit der Faust, und gleich rennt er ihm wieder nach und schlägt ihn noch einmal. Und ritt da mir nach und mahnte mich auch. Ich trieb meinen Esel sehr an, er ging aber nicht viel schneller. So reitet er zu mir und schlägt mich auch und ritt danach zum Hauptmann und schlug ihn auch. So ritten wir zum Brunnen, den Elischa süß gemacht hat; da tranken wir und füllten unsere Flaschen. Wir gingen aber nicht den Berg hinauf, wo unser Herr vierzig Tage gefastet hat, denn wir mußten den anderen nachreiten auf die rechte Straße.

Auf derselben Straße fiel der in die Hände der Mörder, von dem das Evangelium sagt, daß er von Jerusalem nach Jericho gehen wollte. Und als wir zu den anderen Pilgern kamen, da war es sehr heiß. Da suchten sie bei den Pilgern zu essen und zu trinken und kamen zum Hauptmann und gewahrten bei ihm die Flaschen. Da hätte er sich gern erwehrt, es half aber nicht. Sie schlugen ihn mit Fäusten und mit einem Beil, daß er sie ihnen lassen mußte. So hatten wir denselben Wein für die Türken gespart. Der rechte Herr, der kam auch zu Heini Ziegler; der hatte noch Brot und Granatäpfel. Die mußte er ihnen auch geben. So nahmen sie uns vier Flaschen, wovon wir keine wiederbekamen. Sie taten auch den anderen Pilgern viel Leids an. So mußten wir danach Wasser trinken, einen Trunk um einen Marchetto, schlichtes Wasser, aus dem Becher und wie man es bekam.

Und so ritten wir dieselbe Nacht [15. September] und den Tag, daß wir nicht viel über zwei Stunden ruhten, bis zum Dienstag auf die Nacht. Da kamen wir wieder nach Jerusalem. Und man schätzt es 40 Meilen von Jerusalem bis zum Jordan.

Nun, als wir wieder nach Jerusalem kamen, da meinten wir, man sollte uns am Mittwoch zum letzten Mal in das Heilige Grab führen, denn man läßt die Pilger immer dreimal hinein. Und hätte es der Herr von Jerusalem auch gern gesehen, daß wir bald hinweggezogen wären. Denn es waren Kriegsleute von Damaskus, vor denen er für uns fürchtete. Da hatte der Patron kein Geld. Und wollte uns der Herr nicht in das Heilige Grab lassen, bis er bezahlt sei. [16. September] So schickte der Patron den Dolmetscher zum Schiff zum anderen Patron um Geld. Der blieb aus vom Mittwoch bis am Sonntag.

Und am selben Mittwoch kamen die Kriegsleute von Damaskus. Das waren Janitscharen und Türken, etwa vier- oder fünfhundert. Da gebot der Herr von Jerusalem dem Guardian, er solle das Kloster zu haben und solle uns sagen, daß wir ja nicht auf die Gasse gehen; denn geschehe uns etwas, so vermöge er nichts gegen sie. So gingen wir um so weniger auf die Gasse, bloß aus unserem Haus am Morgen in das Kloster und zur Nacht wieder zurück. [18. September] Bis sie anfingen und meinten in einer Nacht, sie wollten mit Gewalt ins Haus. Da blieben wir ganz im Kloster, bis wir hinwegzogen.

[20. September] Und am Sonntag war der 20. Herbst. Da nahm mein Bruder Heini und ich einen mit uns von Jerusalem, heißt Kamalchen; der schlägt sich alle Male zu den Pilgern und dient ihnen. Er ist aber ein Maure gewesen. Der führte uns noch einmal auf den Ölberg, denn wir hätten gern Jerusalem noch einmal überblickt. So führte er uns zuerst unter den Tempel, worin unsere Frau geopfert worden ist. Dort sind zwei lange Gewölbe darunterhin, die hat David gebaut. Und danach führte er uns zu der goldenen Pforte. Und danach in die Höhle, wo unser Herrgott am Ölberg gebetet hat. Und danach an die Straße, an der unser Herr geweint hat über die Stadt Jerusalem. Und danach hinauf, wo unser Herr zum Himmel aufgefahren ist. Dort kann man auch das Tote Meer sehen.

Danach saßen wir wieder unter einem Ölbaum und beschauten die Stadt genau. Und gingen da wieder heim an vielen Heiligen Stätten vorbei, die zuvor beschrieben sind.

Und desselben Abends kam der Dolmetsch vom Schiff. [21. September] Und am nächsten Tag, am Montag, war St. Matthäus-Tag; da fing der Dolmetsch an, dem Herrn zu zahlen. Da hatte er nicht soviel guten Geldes gebracht, daß er ihn hätte bezahlen können. Da sagte uns Heini, es wäre noch um 30 Dukaten zu tun. Wer es ihm vorschießen wollte, dem wolle er das Geld wechseln und ihm morgen wiedergeben. Wir könnten sonst danach nicht ins Heilige Grab kommen. So berieten wir uns und liehen ihm 28 Dukaten. Das wurde von uns verlangt, damit man uns dieselbe Nacht zum letzten Mal in das Heilige Grab führte. Und ging der Guardian mit uns um derer willen, die sich zum Ritter schlagen lassen wollten. Man hat uns auch einen Janitscharen zuverordnet, der uns dorthin und zurück geleitete zum Schutz vor den anderen Kriegsleuten.

So kamen wir hinein und kamen zu den Heiligen Stätten, wie es einem jeden gut schien. Und legten uns dort schlafen. Und als es um Mitternacht war, da stehe ich auf und gehe zum Heiligen Grab; so schlägt der Guardian eben die zum Ritter, deren drei waren: heißt der eine Herr Philipp Hagen, der ist von Straßburg; der andere heißt Herr Jörg von Kröngürt aus Lothringen; der dritte heißt Herr Erhard Ride von Risal aus Flandern. Und danach fingen die Herren an, Messe zu haben.

[22. September] Und als es Dienstag am Morgen war, da ließ man uns wieder hinaus. Da führten sie uns einen anderen Weg zum Kloster, den wir vorher nie gegangen waren. Sie führten uns, daß wir wer weiß wie lang auf den Häusern gingen. So kamen wir wieder in das Kloster. Da hat der Dolmetsch etliches Geld umgewechselt, das er den anderen zweien abgefordert hatte; aber er blieb mir noch meine zehn Dukaten schuldig.

Man sollte uns auch auf denselben Dienstag von Jerusalem geführt haben. Da kam ein solches Volk, das uns begleiten sollte, daß unser Dolmetsch nicht mit ihnen ziehen wollte. Und ließ also wieder heimreiten; denn es waren die, die uns zum Jordan begleitet hatten. Und waren dann die Janitscharen von Damaskus auch bei ihnen. Er sagte auch, er habe vernommen, daß sie vorhätten, wann wir hinaus kämen, so müßte ihnen jeder Pilger zwei Dukaten geben; oder hätten vielleicht noch mehr von uns gefordert. So ging der Guardian und der Patron und die Dolmetschen zum Herrn von Jerusalem und hielten mit ihm Rat in der Sache. Da sagte er ihnen, er wolle den anderen einen anderen Weg anordnen. Und sie einigten sich, am Mittwoch in der Nacht zu ziehen; sie hielten es aber geheim, daß es die Kriegsleute nicht gewahr würden.

[23. September] Und am Mittwoch gingen etliche Herren aus dem Kloster mit uns Pilgern noch einmal in unserer Frau Grab und in die Höhle, in der unser Herr gebetet hat; sie ist gerade dabei. Und beim Wieder-Heimgehen wollten etliche vor die Goldene Pforte hin; mit denen ging ich auch. Da sind zwei Tore nebeneinander, ist ein jedes neun Klafter, zwei Fuß weit und eine Spanne und einen Daumen, und sind von unten nach oben vermauert, so hoch ich langen kann. Und dann sind oben die

Tore mit Eisen überzogen. Und danach gingen wir wieder auf Sion in das Kloster.

Da sagte ich zum Heini: »Lieber, schau, daß ich mein Geld auch wiederbekomme.« Denn wir wollten nicht mehr mit ihm ziehen, wenn wir nach Zypern kämen. Also, daß er es von ihm fordern sollte. Da sagte der Patron, er habe ihm nichts geliehen. So redete Heini soviel mit ihm, daß mir der Guardian dafür versprach, er wolle es mir am Wasser wiedergeben. Daran erkannte ich dann, er wollte mit uns ans Wasser. Und am selben Mittwoch nachts gegen zehn - es war der 23. Herbst -, da brachte man uns die Esel zum Kloster, und saßen auf und zogen davon. Aber sie führten uns einen anderen Weg von Jerusalem; von wegen der Kriegsleute, die da lagen, mußten wir uns davonstehlen.

Register

Schriftstellen

Zitate alter Texte

Personen

(einschließlich biblischer Namen)

Orte

Sachen
(Substantive)